科技报国

35位科学家的信仰选择

人民日报要闻六版编辑室 ———— 编著

人民日报出版社
北京

图书在版编目（CIP）数据

科技报国：35位科学家的信仰选择 / 人民日报要闻
六版编辑室编著. -- 北京：人民日报出版社, 2024.3
ISBN 978-7-5115-7881-5

Ⅰ.①科… Ⅱ.①人… Ⅲ.①科学家－列传－中国－
现代 Ⅳ.①K826.1

中国国家版本馆CIP数据核字(2023)第113158号

书　　名：科技报国：35位科学家的信仰选择
　　　　　KEJI BAOGUO:35WEI KEXUEJIA DE XINYANG XUANZE
编　　著：人民日报要闻六版编辑室

出 版 人：刘华新
责任编辑：林　薇　陈　佳
装帧设计：元泰书装

出版发行：人民日报出版社
社　　址：北京金台西路2号
邮政编码：100733
发行热线：(010) 65369509 65369512 65363531 65363528
邮购热线：(010) 65369530 65363527
编辑热线：(010) 65363486
网　　址：www.peopledailypress.com
经　　销：新华书店
印　　刷：北京博海升彩色印刷有限公司
法律顾问：北京科宇律师事务所 010-83622312

开　　本：710mm×1000mm　　　1/16
字　　数：190千字
印　　张：16
版　　次：2024年3月第1版
印　　次：2024年3月第1次印刷

书　　号：ISBN 978-7-5115-7881-5
定　　价：56.00元

编辑组

主编：董建勤　张彦春

成员：康　岩　宋　宇

　　　刘涓溪　吴　凯

序

以自强不息的精神奋力攀登

科学成就离不开精神支撑，科学家精神是科技工作者在长期科学实践中积累的宝贵精神财富。新中国成立至今，广大科技工作者心怀对祖国的深沉之爱、对科学的坚定信仰，行走在探寻真理的道路上。他们日夜兼程、风雨无阻、前赴后继、接续奋斗，树立起一座座科技创新的丰碑，也铸就了属于科学家的独特精神气质。

党的十八大以来，以习近平同志为核心的党中央高度重视科技创新，我国科技事业实现历史性、整体性、格局性重大变化，重大创新成果竞相涌现、捷报频传。这些成绩的取得，离不开广大科技工作者所做出的卓越贡献，离不开科技工作者源自心底的内生动力和精神伟力。

时代如流，岁月如梭，但科学家精神的初心永恒：爱国，是科学家精神的核心，指引广大科技工作者始终坚守在科技强国的一线岗位上；创新，是科学家精神的灵魂，鼓舞科技工作者冲破重重阻碍，探寻未知领域；求实，是科学家精神的底色，不断砥砺着科技工作者务实、求是的优良作风；奉献，是科学家精神的投影，映射出科技工作者的无私品格与执着追求；协同，是科学家精神的纽带，汇聚成科学探索和创新争先的磅礴力量；育人，是科学家精神的沃土，使科学的火炬代代相传。以"爱国、创新、求实、奉献、协同、育人"为内涵的新时代科学家精神，给予广大科技工作者仰望星空、脚踏实地的精神力量，引领大批英才持续向科学技术广度和深度进军。

当前，大力弘扬科学家精神，正在全社会形成广泛共识。2021年，《人民日报》开设"讲述·弘扬科学家精神"栏目，从活跃在科技创新一线的广大科技工作者中，撷取了一批典型人物及团队代表进行深入报道，迄今为止已报道近百位科技工作者的奋斗故事。虽然，他们的研究领域各不相同，但从筑牢科技创新基石到蓄积经济发展势能，从强化服务大局导向到佑护人民生命健康，每个人都在用实际行动诠释着科学家精神的丰富内涵。通过本书的集纳，可以从这些心怀家国、求实创新、协力攻关、默默奉献的动人故事中，清晰触摸到他们身上可追可及的信仰之光，真切感受到力透纸背的精神力量。

科学家精神穿越时空，也将照亮前路。希望广大科技工作者坚持"四个面向"，传承科学家精神，将个人理想与国家命运紧密相连，追求无私无我，坚持自立自强，矢志求真务实，不忘初心，不易其志，不懈求索，不断地将为科学理想而奋斗的实践推向前进，为强国建设、民族复兴伟业做出新的更大贡献。

（中国科协主席）

目　录

文圣常：
执着叩开海浪研究的大门

　　在中国海洋大学鱼山校区，师生们经常看见一位老者，满头银发，背略弯曲，身形瘦小，穿着灰色旧夹克，步履蹒跚地走在去往办公楼的路上。暮来朝去，风雨无阻……

　　他就是文圣常。在中国海洋大学，这位风雨无阻的老学者，用实际行动激励着师生们在科研路上搏浪弄潮、砥砺前行。

"海浪能量一定很大，能否把它转化成一种能源"

文圣常小时候没见过大海，但他对大海充满无限向往。

1944 年 7 月，从武汉大学机械工程学系毕业的文圣常，来到成都一家飞机修理厂当试用技术员。在一次出国交流学习时，文圣常第一次见到了大海。

"在大海上，伸展到天际的蓝色海水和逐波戏水的海鸥，带给人无限遐想。"文圣常曾回忆，虽然自己晕船，但仍守在甲板上，期待着第一眼见到大海的时刻。

视野越来越开阔，水的颜色也逐渐变蓝。"进入大海，海浪可以把船摇来摇去。我想，海浪能量一定很大，能否把它转化成一种能源？"文圣常瞬间被大海的壮阔所吸引，脑海中萌生出一个大胆的想法，"去探索海浪能量利用问题！"

交流学习期间，文圣常翻阅了大量资料。他发现，研究如何有效开发利用海浪能量的相关文章并不多。他在脑海中开始构思海洋能量利用的蓝图——设计出一种利用海浪能量的装置，叩开海浪研究的大门。

1947 年，文圣常回国后到重庆任教。他利用业余时间，设计了波浪发电装置，利用海浪获得电力输出，带动航标灯发亮闪烁。在此基础上，文圣常开始探索更多波浪能量利用方法。

文圣常的宿舍就在嘉陵江畔。他发现，当船经过时，便会激起不小的浪花。于是，他把波浪发电装置放在嘉陵江试验。"每次去江边，那套奇形怪状的装置模型总是惹人注目。有人猜它是玩具，有人猜它是滑翔机。"文圣常说。

但嘉陵江不比大海，浪花能量小，迟迟未达到预想效果。于是，文圣常申请到海边继续试验。1950年底，他揣着一封推荐信搭船东下，奔赴上海。

"心中有了目标，就一定要为之付出努力"

之后的几年里，他辗转多地，无论到何处，都带着波浪发电装置，抓紧一切去海边的机会做试验。

装置外形特殊，上下车时，文圣常都手提着它。"车站的工作人员一看到我提着个奇怪的装置，就把我叫出队伍、接受检查。直到看过证件，解释清楚了，才放行。"文圣常回忆。

几经周折，1953年，文圣常进入山东大学刚成立一年的海洋学系任教。1958年，山东大学主体迁往济南，以留在青岛的海洋系、水产系等为基础，后成立山东海洋学院，即中国海洋大学前身。从机械工程转向海洋科学后，文圣常感觉知识储备非常不足，于是，他给自己制订了严格的"补习计划"。"心中有了目标，就一定要为之付出努力。"文圣常说。

1953年，文圣常发表论文《利用海洋动力的一个建议》，成为我国学者较早探讨海浪能量利用的研究文章。随后，他开始组建团队，向海浪理论研究领域进军。

20世纪50年代中期，国际上存在两种比较流行的海浪研究方法——"能量平衡法"和"谱法"，但两种方法皆有不足。研究者都是以半经验的方式来计算涌浪的波高和周期，主观推测和假设成分较多，理论也是建立在海浪充分成长的特殊状态下，不足以全面有效反映海浪的特征。"是否可以打破常规，将两种方法结合？"文圣常推导出一种"普遍风浪谱"，与传统方法相比，可以描述波浪成长过程中更一般、更普遍的谱型，给出一种新的涌浪波高和周期计算方法，在海洋学研究领域产生了重要影响。

随着研究愈加深入，文圣常琢磨起新问题：如何将海浪研究成果转化为现实生产力，让自己的研究服务于经济社会发展？

20世纪70年代，为适应我国沿海城市改革开放的需要，国家相关部门启动《港口工程技术规范》编写工作。文圣常担起重任，率队攻关，主持研究的海浪计算方法被列入《规范》。

从普遍风浪谱、涌浪谱的问世，到适合中国海域特点的海浪计算及预报方法的创新，再到新型混合型海浪数值模式的提出……几十余载，反复求索，文圣常一直在不懈努力。

"热爱祖国、追求科学，
是我投身海洋研究事业的力量源泉"

2002年，《中国海洋大学学报（英文版）》创刊，文圣常主动承担主编工作。他说："这是学校的'新生儿'，要细心爱护。一要科学严谨，质量第一、宁缺毋滥；二要开拓创新，把国外最新科研进展介绍进来，把我国重大海洋科技成果介绍出去。"

他坚持审改每一篇稿件，改稿时一丝不苟，一个用词也要反复推敲。"遇到任何一点疑问，他都要研究清楚。"他的助手郭鋮说。

2007年，文圣常不小心烫伤脚踝，伤口感染，需要做手术。术后，医生叮嘱要卧床休息。他便把腿搭在板凳上继续改稿，学生们想减少他的工作量，他却说："工作耽误不得，我必须抓紧时间……"

十几年如一日，没有周末，没有节假日，若无特殊事宜，他都要去办公室工作。办公室里都是过去的老家具，资料放得到处都是。"虽然显得乱，但查找方便。"文圣常说。

2013年，文圣常患上肺炎，便把办公场所彻底转移到家中，依旧每天工作5至6个小时。直到2019年，年近百岁的文圣常因身体不适住院治疗，才不再坚持工作。

"曾有学生问我，这么多年是怎样坚持下来的。我觉得，热爱祖国、追求科学，是我投身海洋研究事业的力量源泉。"文圣常说。

2022年3月20日，文圣常在青岛逝世，享年101岁。

（原载《人民日报》2022年3月22日）

文圣常（1921—2022）：中国科学院院士，中国海洋大学教授，著名物理海洋学家、教育家，我国海浪研究和物理海洋学的开拓者之一。文圣常在海浪频谱、海浪方向谱、海浪预报方法研究和海浪数值模式研究等领域成果丰硕。他提出了"普遍风浪谱及其应用"论断。他提出的海浪计算方法被列入原交通部《港口工程技术规范》，为推动我国物理海洋科学事业发展做出卓越贡献。

孜孜以求　矢志不渝

在采访中，文圣常院士的同事王宣民回忆起一个场景："有一年春节，正月初三，我在学校路上遇到文先生，他满头银发，步履蹒跚，眼神似乎也不太好了。路上人来人往，老先生似乎没有察觉，专注地一路前行，一如他对海浪研究事业的执着。望着先生的背影，我内心满是感动，也感受到了一种力量。"

研究海浪六十余载，虽身体每况愈下，但仍坚持工作，严谨治学。在海浪频谱、海浪方向谱、海浪预报方法研究和海浪数值模式研究等领域，他都留下了丰硕的成果。他孜孜以求，矢志不渝，一次又一次攀登科学高峰，这种精神激励着后来的研究者，也带动了更多年轻学子在海浪研究道路上搏浪弄潮、努力前行。

李　蕊

鲜学福：
将有限的时间用于无尽的科研事业

　　1956 年到重庆大学任教，60 多年来，鲜学福培养了一大批优秀学子。几年前，他在自己的个人总结中这样写道："我的求学之路一直在警示我，学海无涯、人生苦短、珍惜时光、多干实事、回报祖国，这才是人生之所在。"鲜学福一直是这样践行这一人生追求的。

"国家的支持，深感无以为报，唯有用功读书"

见到鲜学福前，记者给他发过三页纸的采访提纲。等到见面收到这份提纲时，纸张的正面工工整整地写满了回答；而背面，则是密密麻麻、反复推导演算的数学公式。"习惯了，顺手拿来手边的纸，就想写写数学公式。"鲜学福说。直到今天，他最大的爱好依然是翻看数学书籍，求解数学公式……

深爱数学，但为什么选择献身煤矿事业？原来，新中国成立之初，国家工业化需要能源支撑，急需采煤工程方面的专业人才。"那时候只有一个信念，国家需要什么，我就做什么。"1950年，鲜学福决定放弃心爱的数学专业，重新报考大学。最后，他被北京矿业学院（今中国矿业大学）采矿工程系录取。

当时，我国的采矿科学事业几近空白，采矿手册和教材大多是外文书籍。为此，鲜学福学习多种外语，阅读学习了大量书籍，并构建起自己的知识体系。

对鲜学福而言，国家的支持是让他坚定前行的最大动力。鲜学福回忆："那时候，为了鼓励我们做科研，国家每个月给每个学生5元钱补贴。国家的支持，深感无以为报，唯有用功读书！"

在河北井陉煤矿做毕业论文的那10个月，鲜学福至今记忆犹新：每天从地上到地下的运输车只有往返两趟，鲜学福每次在地下要待足 8 个小时，食物只有两个大馒头，头顶的探照灯只能照亮周围小小一圈，其余都是黑暗……在这样的环境里，鲜学福完成了矿井方案设计的全部内容，并且对科学研究有了初步的认识。

1956 年，鲜学福以优等毕业生的身份，从北京矿业学院研究生班毕业，后被分配到重庆大学采矿工程系工作，开启了他一生的科研事业。

如今，常有人邀请鲜学福出席科研论坛，但与矿业无关的，他一概谢绝；与本专业无关的话题，他总以谦逊的态度讨教求解；如果要做学术报告，涉及的相关数据会反复核实，同一报告不会讲两遍；许多人邀请他创建院士站，他谦辞不受，始终只有一家院士专家工作站……

"纯粹地做一件事，就是最大的快乐"

多年前的一个春节，在鲜学福的倡议下，全家五口围坐客厅，每人捧一本书阅读，那是女儿鲜晓东难得的与父亲相处的闲暇时光……

"父亲的心思都扑在教育与科研事业上。"鲜晓东回忆道：他总是早早离开家门，7 点 15 分就到学校工作，休息日也喜欢待在书房里，从清晨坐到夜幕降临，几十年来，日日如此……

在鲜学福心中，"纯粹地做一件事，就是最大的快乐"。

1956 年，鲜学福来到重庆大学执教。在校园里，鲜学福心无旁骛地学习理论知识。有一天，鲜学福听说重庆大学图书馆在清理旧书，立即请两个人去挑了两担旧书回来……这些旧书，大都是俄文专业书籍。鲜学福怕学生们看不懂俄文，就把这些旧书重新整理了一遍，将重要内容翻译并摘抄下来。

直到如今，鲜学福还保持着摘抄的习惯，每日都会阅读《中国科学报》和最前沿的科研文章，并将其中优秀的学术观点摘抄在他的笔记本上。这样的笔记本，鲜学福有近 60 本，垒了半米高，静静地摆放在办公室的窗边……

"科研的乐趣在于解决实际问题。"在科研的道路上，鲜学福始终关注国家的需要；近年来，鲜学福带领团队将科研重心转向页岩气开发领域。

针对我国页岩气地质赋存条件，以及存在的一些问题，鲜学福创新性地提出超临界二氧化碳强化页岩气开发及地质封存一体化的学术思路，目前已成功实施了国际上首次超临界二氧化碳压裂现场试验，为页岩气高效开发和二氧化碳大规模减排提供了支撑。

追求纯粹的家庭氛围，深深影响着鲜晓东；她现已成为重庆大学自动化学院副教授，和父亲一样走上了科研道路。

"科研是团队作战，而非一个人的功劳"

1999 年，鲜学福当选为中国工程院院士。"成果是大家的，而不是我个人的。"鲜学福带领学生一起做的科研项目，常常把学生的名字放在自己的前面，"科研是团队作战，而非一个人的功劳"。

鲜学福非常注重人才队伍建设。在他看来，唯有源源不断培育人才，才能带来更多的科研创新。通过鲜学福的培养和引导，许多学生都已成为中国工程技术领域的骨干力量。

在鲜学福带领下，重庆大学于1978年创建了理工结合的矿山工程物理专业和矿山工程物理研究所，获批采矿工程专业硕士点和博士点，2000年获批设立教育部重点实验室、2007年获评采矿工程国家重点学科、2011年获批煤矿灾害动力学与控制国家重点实验室……

"鲜老师常常鼓励我们要敢于创新，在科研方面，鲜老师比我们年轻人更加有活力。"鲜学福的学生周军平说。看到最新的学术文章，鲜学福都会随时分享给学生；他的微信收藏夹里，全是行业前沿动态。

虽已年逾九旬，鲜学福依然和年轻人一样上班、加班，多次参加技术讨论会。国家重点实验室评估期间，当时80多岁的鲜学福大小事宜都认真过问把关，在建设目标与方向的筹划、文字资料撰写、试验研究仪器设备研发等方面精益求精，直至评估结束。

最近，鲜学福打算将自己60多年的科研成果集纳出书。"我觉得知识太有用了，而我学得还很不够。"鲜学福这么说着，也这么做着。"我只想把过去的工作好好总结留给下一代，将有限的时间用于无尽的科研事业，再为国家多做一点贡献。"

（原载《人民日报》2022 年 6 月 11 日）

学人小传

鲜学福： 1929 年生，中国工程院院士，重庆大学采矿工程系教授，曾荣获全国先进工作者、全国优秀教师等荣誉称号。他是我国著名矿山安全技术专家、煤层气基础研究的开拓者，攻克了近距离开采保护层抽放瓦斯的世界性难题，使我国最早实践了近距离煤层保护层开发及瓦斯抽放技术。他在国际上首次完整地建立煤层瓦斯渗流理论，为煤层开采时瓦斯运移、富集、涌出的预测及抽放技术的改进奠定了理论基础。他创新提出超临界二氧化碳强化页岩气高效开采的路径，指导实施世界首次超临界二氧化碳压裂现场试验，使我国在这一领域的研究处于国际前沿地位。

记者手记

严谨治学　心无旁骛

在女儿鲜晓东眼中，鲜学福在家中很少主动开启一个话题。唯有一次，通过力学方法解决了煤与瓦斯突出潜在危险区（带）定量预测的难题后，他兴奋到踱步，主动和女儿分享起自己的工作……

人们称赞鲜学福学富五车，他总是摆摆手，嫌自己学得不够多，因而非常重视基础知识的学习。在他看来，用科学的眼光去看待世界，世界就能被解构出无限多的知识，就会越学越有求知欲。

科学起源于好奇心。持之以恒的求知欲，支撑鲜学福走过数十年的科研之路。他的快乐不在于名和利，而在于反复求证后豁然开朗的瞬间，在于攻克一个个实际问题后的满足感。

日日行，不怕千万里。像鲜学福这般心无旁骛地做一件事，即便外界纷繁复杂，内心也能始终有定力，必定会成就一番利国利民的事业。

王欣悦

杨士莪:
用心倾听大海的声音

　　大海的声音是怎样的,它是如何通过浪花的吟唱,传递出如诗篇般的韵律?

　　伯牙遇子期,海逢杨士莪,他是生来便长在水边的"莪",懂得海的初心;也是一旦扎根便不再言弃的"莪",传递海的密语。

　　就此,海的声音在世界回响……

"国家需要什么，我就研究什么"

"莪"，是一种生长在水边的多年生草本植物，生命力顽强。

杨士莪的童年，正逢战乱、家境贫寒。他曾跟随家人辗转多地，并逐渐在心里埋下了科研报国的种子。1950年，正在清华大学物理系读书的杨士莪感受到国家的需要，心中暗想："参与海军建设既能完成报国夙愿，又能在国家建设中找到一个适合自己并能胜任的岗位。"于是，他毅然报名参军，提前告别了学生时代。

几年的军队生活后，杨士莪来到大连海军学校当教员，之后又被抽调北上，参与哈尔滨军事工程院校组建，成为第一批教员。

水声工程，是对水下声学特性及其应用的研究。光波、电磁波在水中都会有严重的衰减，只有声波可远距离进行信息传递而衰减较少。因此，在探测海里情况方面，水声科技至关重要。

当时，我国水声科学研究仍很薄弱。为此，杨士莪自学多国外语，一头扎进了这个陌生领域。"国家需要什么，我就研究什么。"回忆当时的选择，杨士莪这样说。

1957年，杨士莪被派往苏联科学院声学研究所进修，在那里他拓宽了眼界，也坚定了他在水声科学领域攻关的决心。回到学校后，他立即着手拓宽专业领域，建立了一个理工结合的综合性水声工程专业。

他的这一想法也引来了质疑："我们系的声呐教研室，已经开了全国的先河，有必要改变现状吗？会不会有些好高骛远？"杨士莪则认为："水声科学是涉及面非常广的专业领域，如果我院只是办声呐专业，难以获得更好的发展。不立这个标杆，不向这个方向努力，我们就永远达不到更高水平。"

在杨士莪的倡导下，我国第一个理工结合的水声专业诞生了。如今，哈尔滨工程大学创建的水声专业已成长为我国著名的水声科研基地和水声人才培养基地。1981 年，该学科点获得国家第一批博士学位授予权；1987 年，第一批成为国家重点学科并建立了博士后科研流动站；1993 年，国家级国防科技重点实验室在此建立……从这里走出去的人才，为我国水声领域的科学研究发挥了重要作用。

"大海变幻莫测，坐在家里搞研究肯定是不行的"

1994 年，载着近百名科研人员的水声科学家考察船出发开始科考。杨士莪担任首席科学家和考察队队长。

在深海区域作业时，太阳几乎垂直高悬于头顶，甲板温度高达 70 多摄氏度，烫得没处落脚。为了做试验，科研人员顶着烈日，抱着 100 多斤的线轴在电缆堆里钻来钻去。

"赶上大风浪，许多试验就做不了。只能趁着风平浪静的时候，没日没夜地连轴转。"杨士莪当时已年过花甲，和大家一起承受着高温酷热、缺少淡水、没有蔬菜等困难。其他人可以轮班，作为队长的杨士莪，为了掌握整体情况只能一直坚守，常常半个月也睡不上一个完整觉。

海上试验周期难以预估，有时甚至面临淡水告罄的情况。实在渴急了，大家就把压载水舱里漂着油污的水烧开了喝。有一次出海，还没等试验结束就几乎断粮了，仅剩下一点米和一桶盐，在潮热难耐的气候条件下，大家就白天做试验，晚上捕鱼，以盐水煮鱼为食，一直坚持到试验结束。

2021年，90岁高龄的杨士莪还参与了两次科学考察。记者问他为什么如此高龄依然坚持参与科考，他淡然地摆摆手说："搞研究，不到现场怎么行？有任何困难都得克服，该坚持时就要咬紧牙关，迎难而上。大海变幻莫测，坐在家里搞研究肯定是不行的。"

"科研事业是群体事业，
仅凭一己之力是不可能完成的"

"我很幸运，年轻时遇到许多好老师。我深知良师对于做学问的人的重要性，所以更要教好青年学子。"杨士莪常常说起青年时期受到的良好教育。

如今，他依然承担着多名博士生、硕士生的导师工作，继续为我国的教育事业和水声科学研究辛勤耕耘。"科研事业是群体事业，仅凭一己之力是不可能完成的。任何成绩和荣誉的取得，都是团队努力和集体智慧的结果。"

哈工程水声工程学院教授朴胜春说，杨老师上课时的认真劲儿令人敬佩不已，他研一时修的"水声传播原理"课程，是杨士莪的主要研究领域。当年，这一方向的研究生只有朴胜春自己，课堂上往往只有他们师生两个人。

"即便如此，每堂课上，杨老师都是工工整整地写板书，常常写满好几个黑板，一丝不苟。那是我上得最累的课之一，一点儿不敢偷懒，因为每次杨老师都会提前到教室，在那里等着我去上课。"朴胜春的言语间对杨士莪充满敬意。

"发展水声专业，离不开国家的重视和支持，也离不开一代代研究人员的孜孜以求、刻苦攻关。我还会继续坚持，为水声科学领域储备更多人才。"杨士莪一边说着，一边望向窗外，仿佛看到了那片蔚蓝色的海洋……

（原载《人民日报》2022 年 4 月 13 日）

学人小传

杨士莪：1931 年生，河南南阳人，哈尔滨工程大学教授、中国工程院院士。全国最早的水声领域研究专家之一，现任中国声学学会名誉理事长。杨士莪参与研制水声定位系统，并完成一系列长基线、短基线和超短基线水声定位系统，为中国水声学科建设、制订水声发展规划做出了贡献，专著有《水下噪声学》《水声传播原理》。积极推动我国大型深海水声综合考察任务，并获取了大批宝贵资料。

守护心中的那片蔚蓝

充满机遇和挑战的人生，有时看似"被动接受"，实则"迎难而上"。从学习物理到报名参军，再到海道测量，杨士莪在一次次国家的"急需"中，迎接了一个个新的挑战。"心里要装着祖国，要把自己的前途永远和国家的需要、人类的命运紧密地结合在一起。"在他看来，搞科研的目的是让祖国更强大。

在经历一次次"转行"之后，杨院士"遇见"水声学，并将其作为毕生研究领域，在澎湃的大海上，他迎风破浪，承担起使命担当。时光荏苒，他一步一个脚印，终成中国水声工程奠基人之一。笔者来到杨院士家中采访时，老人正伏案钻研；桌上是学生传来的水声科技论文。

七十年过去，依旧勤勉如初。他如"莪"一般，毕生工作在水边，生命不止，壮心不已……

方　圆

徐寿波：
热爱科学，其乐无穷

　　北京交通大学收到一笔特殊的捐赠。捐赠的发起人，是 91 岁的中国工程院院士徐寿波和夫人周爱珍女士。

　　这笔捐赠有 200 万元，是夫妻俩省吃俭用多年的积蓄，也是一名有着 66 年党龄的老党员献出的赤诚之心。

　　在北京交通大学的一栋塔楼，乘电梯上 16 楼，穿过一个小小的走廊，一间不大的起居室里，记者见到了这位白发白眉、年逾九旬的老人，听他讲述自己的人生故事。

从稻田旁到月光下，书从不离身

很多人问我，为什么捐出自己的积蓄，设立院士基金。我想，我成长至今所取得的一切成就，都要归功于党和国家。我终身铭记，并想用毕生所学来回馈。

我童年正值战乱年代，全家经常要到乡下逃难，生活条件十分艰苦，在我之前没出过一个大学生。我告诉自己，我一定要读大学，知识才能改变命运！

那时候，我迷上了读书，从稻田旁到月光下，书从不离身。1951 年，我如愿考入南京金陵大学（后转入南京工学院）。

"从此，我就进入一个新的生活环境，一个人到陌生、举目无亲的地方——南京，一个无同乡相熟的学校——金大，在这里揭开了我生命中新的一页。"当年的日记里，记录了我初入金大的兴奋感。

知识的海洋浸润了我的心灵，教授和留学生为我打开了国际视野。1956 年，我有幸被中科院选派到苏联科学院能源研究所学习。

1957 年，毛泽东主席在莫斯科大学接见留学生时指出："你们青年人朝气蓬勃，正在兴旺时期，好像早晨八九点钟的太阳，希望寄托在你们身上。"我有幸在现场聆听，这句鼓舞，成为我接续前行的动力。

我们在苏联一个月的生活费有 700 卢布。这些钱，我几乎都花在了买书上。逛书店、旧书摊……只要和专业相关的书，我全都买回来。回国时，行李箱里几乎塞满了专业书籍。

在那里，我每天两点一线，办公室—宿舍，几乎把能用的时间都花在学习上。外国同学打趣，说我只算是"半个人"，意思是只会学习、不会玩乐。我不以为意，乐在其中……

1960年，我在苏联科学院能源研究所获得技术科学副博士学位后，回到了祖国。

我这一生，最推崇的便是创新

"技术经济的研究是整个科学技术工作中不可缺少的一个重要组成部分……"在1963年的《人民日报》上，我曾发表过文章《积极开展技术经济的研究》。最近几年，我的《技术经济学》已经出到第五版了。

从苏联回国后，国家的经济情况触动了我。20世纪60年代初，国家能源紧张。怎么合理利用能源？这就需要技术与经济相结合。

谈到创立技术经济学，一次谈话让我记忆犹新。那是半个多世纪前，著名经济学家于光远同志找到我，提出：技术跟经济怎么结合？他还让我了解一下国外有没有学科是专门研究技术和经济相结合的。我了解到，当时国际上没有冠名"技术经济学"的学科。后来，我首倡的关于发展我国定名为"技术经济"科学研究的建议被采纳，并有幸参与 1963 年—1972 年科学技术发展规划纲要"技术经济"部分的制定工作。

技术经济提出来了，但学科的理论是什么、方法是什么？那时，研究经济的学者往往不了解技术，懂技术的人又往往不了解经济，我只好硬着头皮自己上。这可是个苦差事！为了心无旁骛工作，我搬到宾馆闭门研究。4 个月没日没夜，房间里除了少量生活用品，全是研究材料，梦里都是研究课题。那年，我 31 岁。

后来，我又花了 3 年时间，完成了 20 万字的《技术经济方法论的研究报告》，提出了技术经济学的研究目的、理论和方法；1978 年全国科学大会召开后，我把精力放在探索节能问题上，提出的理论和方案用于实践后，为国家能源节约做出了贡献。

那时候，我给自己提了三字要求，"安、钻、入"，就是"安下心、钻进去、入了迷"。工作忙，中午到食堂花 2 分钱买一个馒头、一块酱豆腐，一裹就吃，吃完了又回办公室。我认为，搞研究，做学问，就得这样。

我这辈子最骄傲的，就是这"四门学科"了：综合能源、技术经济学、大物流、大管理。有人用"拓荒"二字来形容我在这些领域的创新和开拓。我深感受之有愧，但仔细一想，我这一生，最推崇的便是创新，敢当"第一个吃螃蟹的人"。

我是搞科学研究的，科学研究是必须要创新的，特别是创建自然科学和社会科学的交叉学科，是要付出巨大心血的，要让人们认识它承认它也需要长时间努力。但只要有不怕困难和坚忍不拔的精神，总有一天困难都会过去。

要为中国人原创的科学理论再争口气、出把力

从在中国社会科学院开始，我就担任研究生导师。2002 年，我调至北京交通大学工作。我培养的学生中，有很多人走上了学术研究之路，一些人已成为博士生导师，正把我教给他们的知识、做学问的方法传授给下一代。我和学生们一起，看到青年学子求知若渴的脸庞，心中尤其感到喜悦……

北京交通大学为毕业生制作"留给青春的回忆——毕业纪念册"，经常请我为毕业生们赠言。这一句就是我写的："热爱科学，其乐无穷；献身科学，其价无穷；相信科学，其命无穷；不懂科学，其害无穷。"这是我的亲身感受。

从 90 年代起，我就一直希望成立一个基金，支持青年人在科学之路上取得成果。

早些年，我的工资不高，说说也就放下了。后来，工资提高了，我和夫人生活简单，没请保姆，没请小时工，除了日常生活外，也没什么花钱的地方。这钱就一点点攒下了。

捐赠前，我本担心夫人不支持。没想到，她比我还激动。她提出捐 200 万元，我们俩一拍即合。夫人说："这笔钱，

拿去支持更多青年人做研究，就是支持我国科学的未来。"

学问无止境，研究无止境。我提出的大物流论、大管理论等得到学术界认可，但仍有很大空间，需要后人不断探索和提升。要为中国人原创的科学理论再争口气、出把力。青年人就像早晨八九点钟的太阳，国家繁荣富强的希望寄托在年轻人身上。我希望能吸引和鼓励更多年轻学子，勤学深思，锐意创新，爱国奉献，筑梦思源，无愧于新时代党和国家对我们的期望和要求。

（原载《人民日报》2022年1月5日）

徐寿波：1931年生，浙江绍兴人，中国工程院院士。他是我国技术经济学的主要创始人和奠基人，也是我国综合物流工程学研究的开拓者。

他花了3年时间，完成了20万字的《技术经济方法论的研究报告》，提出了技术经济学的研究目的、理论和方法，随后又用于实践，为国家节约了大量资源。

 **记者手记**

一本书背后的毕生执着

"徐老师执着、专注、持之以恒的治学精神，太值得我们学习了！"徐院士的一名学生谈到最钦佩导师的地方时，不由提高了嗓音，也触动了记者的心。

徐寿波的执着，一本书便能体现。《技术经济学》，他30多岁起笔，80多岁仍精益求精，更新完善，目前已出至第五版。一本书，从空白到系统，凝聚了毕生执着。

徐寿波的执着，更体现在永葆家国情怀上。开创学科，关注国家经济和能源状况；投身实践，始终围绕国家所需；捐赠积蓄，为年轻学子搭梯铺路。这源自对科学的无限热爱，也饱含着胸怀祖国、服务人民的家国情怀。

传承执着的精神，坚守对科学的热爱，徐寿波始终专注前行……

吴 月

徐如人：
探寻分子筛研究突破口

　　书房不算大，左右两边书架的高度几乎顶到天花板，从门口一直延伸到窗户，上面满是化学书籍。书桌前，一位精神矍铄的老人正伏案工作。"现在，他每天基本都要工作七八个小时。"照顾徐如人的阿姨告诉记者。

　　90多岁的徐如人思维清晰，谈科研、打比方、讲故事……给记者科普起化学知识一丝不苟，采访中，为了翻找一份材料，老人拄着拐杖楼上楼下走了两趟。

　　这位中国科学院院士、国际分子筛领域的知名学者，已辛勤耕耘70年。如今，他依旧关注着化学研究领域的前沿发展。

从黄浦江畔到东北平原，逐渐找准科研方向

"尝尝我家乡的杨梅，特别甜。"徐如人在客厅接受采访，茶几上，摆着一盘深红、饱满的杨梅……

生长于浙江上虞，徐如人在交通大学（现上海交通大学）度过了大学时光。大学期间，徐如人接触到了有机化学、生物化学等知识，也第一次走进化学实验室。"大家都很刻苦，我有个同学，读书时已经开始研究氯霉素合成了。"药品里的氯霉素、石油炼制的催化剂……在学习的过程中，徐如人心中也逐渐产生了对化学的热爱，"化学是一门能够探索创造新物质的科学。"

1952 年，徐如人从交通大学毕业，他主动申请离开家乡到东北人民大学（现吉林大学）任教。徐如人说："国家要建设东北，这里需要我们，我们就来了。"20 岁的他穿着单衣单裤，背着一床薄棉被就出发了。"当时有一列火车，载着 1000 多名大学生，大家一起从上海来到东北。"徐如人回忆说。

在东北人民大学，徐如人找到了研究方向——分子筛。

"把这个杨梅横切一刀，剖面排布着许多大小、形状各不相同的圆点，可以把它想象成分子筛结构的孔道。目前已知的孔道有 200 多种，不同孔道'筛选'不同的分子，再进行扩散、吸附、分子间反应等活动。"徐如人说。分子筛在石油加工、精细化工等领域都发挥着重要作用。

20世纪70年代，我国大力发展石油工业，当时国内炼油常用的一种分子筛催化剂制备工艺十分复杂。简化工序在理论上是否可行？在中国石化石油化工科学研究院支持下，徐如人开始了研究。

徐如人边试验边学习相关文献资料，几个月下来，记了厚厚的5本笔记。最终，徐如人和同事大胆尝试，改变反应条件，实现了催化剂一步制备。此后，徐如人又研制出了另一种长效高温导向剂，解决了石油夏季生产中导向剂易胶凝、生产经常中断的难题，并获得授权专利。

从黄浦江畔到东北大地，哪里需要他，他就把"实验室"搬到哪儿。

探索合成新分子筛，并达到世界领先水平

我国在分子筛领域的研究起步晚、资料少、设备差，为了解学术前沿动态，徐如人一直坚持学习英语，还主动向吉林大学的师生求教，学习俄语和法语。

"科研的方法有很多种，往往需要另辟蹊径。"徐如人说，他们不仅研究已有分子筛的结构，还探索合成新分子筛。为此，徐如人提出"功能导向"的新思路。他带领团队率先开展定向合成研究，即"通过特定反应条件制出特定功能与结构的分子筛"。

分子筛结构肉眼不可见，为了将海量的实验数据与反应结果联系起来，徐如人只能带领团队用"笨办法"。生成

这个孔道需要什么温度？合成需要多大压力？……大家用纸笔把实验数据一一记录下来，并花费 3 年时间，翻阅了近 50 年的学术资料。

这期间，不断有人刊发相关论文，徐如人却始终坐住"冷板凳"，整理研究这些看似无序的海量数据，直到合成反应与结构数据库初步建成。徐如人还和吉林大学的计算机专家研讨，开展数据挖掘和研究工作。在此基础上，徐如人及团队开辟了分子筛定向合成新路径，使这一研究达到世界领先水平。如今，徐如人的学生仍在这一领域继续深耕。

与定向合成相关的，还有新的分子筛多功能材料研究工作。20 世纪 80 年代，徐如人指导课题小组，在国际上率先合成 4 种新类型微孔晶体；1990 年，他的团队成功合成具有 20 元环孔结构的磷酸铝 JDF-20，成为超大微孔晶体领域的一项经典成果。

"研究工作既要脚踏实地，也要始终瞄准高处。"徐如人说。

参加国际分子筛大会是一次推动学术交流、促进产学研合作的重要机会。1980 年，在意大利举办的第五届国际分子筛大会上，徐如人作为中国科学家代表宣读了论文。后来，在徐如人和同事们的共同努力下，北京在激烈的竞争中争取到了主办权，第十五届国际分子筛大会于 2007 年在北京举行。"这也说明，我们的研究逐渐得到了国际认可。"和徐如人共同筹办大会的中国科学院院士、石油化工专家何鸣元说。

捐赠毕生积蓄设立教育基金，
帮助生活困难的学生

走进吉林大学无机合成与制备化学国家重点实验室，X射线粉末衍射仪、高压反应装置等高新设备陈列其中，几名大学生正忙着做实验……

这是徐如人和他的同事共同创建的实验室。20世纪80年代，徐如人和同事开始筹集资金并陆续购入科研设备。当年，为了节省经费，寒冬腊月，大家裹着军大衣在实验室里比照图纸安装、调试大型合成设备，这样的工作状态成了大家的工作常态。

自1977年恢复高考后，吉林大学化学学科共培养了10位院士，其中有3位是徐如人的学生。2004年至2010年间，实验室引进优秀人才10余人，新开设4个研究方向……"做好年轻人的培养，给他们足够的发展空间，我们的研究事业才能后继有人。"徐如人说。

2007年，徐如人的一名学生提出了一个分子筛领域的新概念，激动地来跟他探讨。徐如人欣赏他的创新精神，但要求这名学生必须"用实验说服人"。后来，在徐如人的指导下，这名学生发表了系列论文，并于2012年成为首批国家自然科学基金优秀青年科学基金项目获得者。

2017年9月，吉林大学71周年校庆之际，徐如人捐赠了自己和妻子庞文琴教授的毕生积蓄，共计 500 万元，设立庞文琴、徐如人教育基金。"我们就是想帮助那些生活困难的学生，让他们继续在科研道路上走下去。"徐如人说。

（原载《人民日报》2022 年 9 月 9 日）

学人小传

徐如人：1932 年生，浙江上虞人，吉林大学化学学院教授，中国无机合成化学学科奠基者。1991 年当选中国科学院院士，2003 年当选第三世界科学院院士。几十年来，他以分子筛合成化学为突破口，提出无机合成化学的科学体系，在国际上率先开展了分子筛的定向设计合成。曾 4 次获国家自然科学奖，2017 年获首届"中国分子筛终身成就奖"。

记者手记

科研要敢于迎难而上

　　与徐老熟悉的人，都说他生活里"温厚宽和"。然而，回望他的科研之路，徐老却有着"硬碰硬"的精神。

　　"硬"体现在面对困难时迎头而上。不论是分子筛理论研究，还是建设实验室，面对难题时，徐老永远不退缩不抱怨，为找到解决办法独辟蹊径。在学术基础、设备条件都不占优势的情况下，用"笨办法"总结规律，开辟分子筛定向合成新路径，并将这一研究带到世界领先水平。

　　"硬"还体现在科研攻关中沉得下心。自学外语、钻研文献、反复试验……丰硕成果背后是无数个尝试求索却又无果的昼夜。科研七十载，徐老始终用专注和勤奋追逐着自己的梦想。

刘以晴

秦裕琨：
研发新技术　提升热效率

　　"第一个百年奋斗目标，我有幸赶上了。我还要再奋斗十几年，希望还能与你们一起看到、亲身感受到我国基本实现社会主义现代化。"声音洪亮，目光有神，如今仍然坚持在教学一线的秦裕琨，正在为学生们作报告。

　　学术交流研讨、科技成果鉴定、科研团队指导……如今，90岁的秦裕琨依然忙碌着。正如他所专注的"燃烧"事业一样，他身体力行，不仅为我国能源事业做出了巨大贡献，也为后辈们带去温暖与能量。

学一点、讲一点，
从零开始摸索筹建锅炉制造专业

秦裕琨生于上海，幼年时经历过战乱，上海解放后，他逐渐感受到："中国有了希望！"

从上海交通大学提前一年毕业时，秦裕琨正赶上新中国第一个"五年计划"开始实施。"当时，我的哥哥姐姐都在外地，父亲年事已高，作为家里最小的孩子，我本可以留在上海，但我的3个分配志愿分别填写了东北、西北、华北。"当时的秦裕琨心中只有一个信念："要到祖国最需要的地方去，参与建设新中国。"

1953年，坐了三天四夜火车的秦裕琨，来到了哈尔滨工业大学攻读师资研究生。入冬的哈尔滨，寒风凛冽、滴水成冰，条件虽艰苦，但秦裕琨干劲十足，"工厂在建设，大学在建设，城市在建设……看着新中国的蓬勃发展，别提有多高兴"。

上完一年俄语预科后，学校研究决定抽调他跟随外国专家边学习、边讲课，筹建锅炉制造专业。

"接触这个专业之前，我并不知道具体要做什么，但既然要筹建，就从头开始学，啃下这个硬骨头！"原本想学机械设计的秦裕琨毫不犹豫地改了行，开始了从零摸索。

"我们一边当学生，一边当老师，边学边教，总怕自己吃不透、讲不明。"那时，21岁的秦裕琨晚上熬夜钻研教学教材，并准备俄文讲义给外国专家看，修改完成后再译成中文讲义讲给学生们，"学一点、讲一点，我甚至都不敢讲太快，自己没学透的课程坚决不能上讲台"。

面对无专门教材可用的困境，秦裕琨开始琢磨"自力更生"，挤出时间编写，终于在 1959 年完成初稿并油印出版。1963 年，这本内部教材正式成为新中国锅炉制造专业的第一本国家统编教材。后来，他相继出版的 5 部著作，大多也是该领域的开山之作。

20 世纪 50 年代，800 多名像秦裕琨一样的青年师生响应国家号召，从全国各地奔赴哈尔滨工业大学。在短短 10 余年里，他们在这里共创办了 24 个新专业，以机电、电气、土木、工程经济等为主的专业教学体系基本建成，为国家工业化建设解了"燃眉之急"。当时，这支教师队伍，平均年龄只有 27.5 岁。

深耕煤炭燃烧领域，艰苦科研攻关，研发煤粉燃烧等新技术

"光在屋里搞理论不行，科研成果必须接受实践检验。"这是秦裕琨在科研事业中始终坚持的理念。20 世纪六七十年代，国内普遍使用强制循环热水锅炉，通过蒸汽采暖，这种方式热得快，凉得也快，且一旦停电，锅炉运行安全就难以保障。对其进行改造，成了当时业内亟须解决的难题。

"如果采用热水供暖，变强制循环为自然循环，问题就能迎刃而解。"秦裕琨提出热水锅炉自然循环的学术构想，为了将其变为现实，他昼夜不停地绘制草图，吃住都在锅炉房里，一熬就是两个月，经过连续攻关，终于拿出了设计图纸。

此后，秦裕琨制造出我国第一台自然循环锅炉，至今，我国很多地区冬季采暖仍然采用这种锅炉。

除了推动我国工业锅炉制造技术创新升级，秦裕琨也为很多地区的锅炉"看病问诊"，让它们"重焕生机"。

20世纪70年代末，某流化床两台锅炉面临"不改造就报废"的窘境，秦裕琨受邀进行"诊治"。反复实验后，他"对症下药"，提出"播煤风"技术理论，成功改造了这两台锅炉，避免了近亿元损失。这种稳定燃烧煤矸石的技术应用在当时尚属世界前沿，也为我国劣质燃料的大规模应用开拓了广阔前景。

20世纪80年代中后期，水电、核能等清洁能源快速发展，不少专家认为，在煤炭燃烧这样的传统领域，很难再有大的技术突破。但秦裕琨认为："我国煤炭资源丰富，煤炭利用研究仍有很大空间。"面对煤炭燃烧效率低、污染高等问题，秦裕琨向更尖端的煤炭利用技术发起冲锋。

三年攻关，他成功研发煤粉燃烧新技术，各处奔走、推广试用，却处处碰壁、无人敢用。

"大厂子不愿意用，咱就找小厂子；新锅炉不让改，咱就改旧锅炉。"秦裕琨毫不泄气。最终，团队找到了一台几乎报废的锅炉，改造后，热效率竟反超了新锅炉。

此后，针对不同燃烧方式和煤炭种类，秦裕琨带领团队研发了系列风包粉浓淡煤粉燃烧器。其中，水平浓淡直流燃烧器性能达到国际领先水平，被制造厂和电厂普遍采用，每年创造直接经济效益近 5 亿元，创新应用的风控浓淡煤粉燃烧技术，也获得 2000 年度国家技术发明奖二等奖。

三尺讲台上辛勤耕耘近七十载，科研育人传承家国情怀

无论做普通教师，还是担任学校领导，秦裕琨都强调"立德树人、科研报国"。

建立教学检查组，完善职称评定体系……担任哈尔滨工业大学副校长时，秦裕琨把各系的基础课全都听了个遍，随后不断完善管理考核制度，全校教学水平迅速提升。

"10 多年前，秦老师就要求我们转型，研究煤炭清洁利用技术，随着'双碳'目标的提出，秦老师的预判让我们抢得先机。"从本科到博士，哈尔滨工业大学碳中和能源技术研究所教授孙飞师从秦裕琨 15 年，"对实验中的小细节和科研里的大方向，秦老师都十分敏锐。他常说，'成果转化要始终围绕国民经济主战场'。"

在三尺讲台上辛勤耕耘了近 70 年，秦裕琨至今依然是深受大家尊敬的"秦先生"。

"我最看重的身份就是人民教师。"他坚持开门办学，

主动面向社会办锅炉培训班,让渴望深造的年轻人获得学习机会;他走向镜头前,在全国观众面前分享自己科研育人的心得;他在中国航天日开办讲座,为中学生讲述科研工作者的家国情怀……

进入21世纪,秦裕琨开始专注于煤炭清洁利用及节能技术研究,在他的带领下,哈尔滨工业大学能源学院碳中和能源技术研究所教工党支部以"国家的需求就是我的专业"为目标,形成了以党建引领人才培养的工作机制,相关技术累计为行业企业创造经济效益超300亿元。

正如秦裕琨常说的:"要干就干别人干不了的,要啃就啃别人啃不动的。"

(原载《人民日报》2023年2月15日)

学人小传

秦裕琨:1933年生,中国工程院院士,我国热能工程领域研究的奠基人,参与创建了新中国第一个锅炉制造专业,设计制造了中国第一台自然循环热水锅炉,发明了用于火力发电厂的风控浓淡煤粉燃烧等技术。

近70年来,他始终围绕国家重大战略需求,长期从事煤炭高效清洁利用领域研究,主持完成多项国家级煤炭先进燃烧技术项目,为国家能源事业以及煤炭的安全、高效、清洁利用做出突出贡献。曾获"全国师德标兵""国家技术发明奖二等奖"等荣誉。

奋力求索　科研报国

　　"学就学好，干就干好""有所为，无所求""成果转化要始终围绕国民经济主战场"……心怀大我，毕生求索，秦裕琨始终前行在科研报国的道路上。

　　一次次从无到有、从有到优、从优到精的突破背后，是砥砺奋斗心，是铮铮报国志。秦裕琨谦虚且忘我，他常说，取得成绩时不要沾沾自喜，一定要想想还能为国家做点什么，更不要忘了别人的付出和努力。

　　秦裕琨的故事中，浓缩了一代科研人的青春热血，鼓舞了一代代莘莘学子的奋勇斗志。正如他的学生所说，他就像一团熊熊燃烧的火，走到哪里，就在哪里发光发热。

张艺开　闫明星

沙国河：
尖端技术是一点一滴钻研出来的

　　来到中国科学院大连化学物理研究所（以下简称"大连化物所"），依山势步行约 10 分钟，一座三层小楼跃入眼帘——这里是"分子反应动力学国家重点实验室"，是沙国河平时工作的地方。从事科研工作六十余载，沙国河在化学激光、激光化学及分子反应动力学等领域一次次勇攀科学高峰。近些年来，他又把精力投入到青少年科普事业中，播撒更多科学的种子。

"技术上的小改进，可能带来大突破"

"一切为了国家需要"，是沙国河一生从事科研事业的追求。从"激波管化学动力学"到"微波吸收材料"，从化学激光、激光化学到分子反应动力学……沙国河研究领域的每一次转换，都紧随科研需求的变化；每一次面对新领域，他都选择迎难而上。"当时许多研究方向的资料都非常缺乏，工作条件也特别艰苦。"沙国河回忆过去，多年劳累的工作，让自己的身体有些吃不消了。

20世纪80年代初，张存浩院士在大连化物所开创了激光化学研究方向。激光化学主要研究物质分子在激光作用下呈现激发态时的精细结构、性质、化学反应、能量传递规律及其运动变化等微观过程。当时，沙国河所在小组的课题是研究分子激发态的光谱和碰撞能量传递。他们以一氧化碳作为样板分子，选择了当时国际上刚出现不久的共振增强多光子电离光谱作为探测技术。实验中，他们却发现这种技术存在易受杂质干扰和光谱选择不高等缺点，影响数据精确度。为了减少杂质干扰，他们先尝试了提高真空度，但要制造一套超高真空设备，需要投入很多资金。于是，他们又想到干扰杂质主要是一些大分子，可以用液氮冷冻的办法。一试，效果好得出乎预料，不单光谱信噪比大为提高，实验操作也更加容易。

"技术上的小改进，可能带来大突破。这个小改进也是我们后来一系列实验的基础。"沙国河说，"尖端技术是一点一滴钻研出来的。"

"不因成就而满足，不因困难而罢休"

"不懂就学，总会学会的。搞科研就不能怕吃苦！"沙国河经常这样教导学生。基础性、创新性的研究往往需要自己制作实验装置，为了一次实验，前期准备工作可能需要一两个月甚至更长时间。而一旦进入正式实验阶段，则可能需要连续72小时以上不间断进行，对实验者来说是个不小的挑战。

"我是2000年进入研究室的，当时沙老师已经66岁了，有时还带着学生们通宵工作。"大连化物所高级工程师、沙国河的学生冷静对当时的情景记忆犹新。

大连化物所研究员、沙国河的学生田文明回忆："在沙老师的建议下，我的研究方向转向单重态氧在生物体系中的动力学研究。这对于沙老师来说，同样是一个新领域。为了指导我的论文，沙老师阅读了大量的文献和资料，然后才来跟我讨论课题。"

对于科研，沙国河始终精益求精、一丝不苟，他说："只有获得精确可靠的实验数据，才能得到科学的论断。"

在一次实验中，沙国河发现有一个光谱信号很特殊，按照公认的理论公式解释不通，这让沙国河百思不得其解。是实验误差吗？进行了多次反复验证后，证明实验没出错。

问题会不会出在公式上？

无数个夜晚，沙国河反复对照实验数据、演算、推导，终于找到了原因：公式推导中用了经典力学近似，而根据量子力学，传能过程应具有波动特性，实验中的异常正是一直在找的分子碰撞传能中的量子干涉效应。2000 年，该发现被评为中国十大科技进展新闻之一。

回顾这一发现过程，沙国河说："除了研究方向选得准、实验技术先进、实验与理论密切结合等因素，最重要的是要有锲而不舍的精神。不因成就而满足，不因困难而罢休，把实验中的异常现象搞清楚，就可能有重要的新发现。"

"和孩子们在一起，就忘记了辛苦、忘记了时间"

在沙国河不足 10 平方米的办公室里，两张老旧的工作台背靠背摆放着。一张用来演算、备课，桌上的一本本老式笔记本上工整地绘满了电路设计图；一张用来制作各种科普实验装置，放着最常用的电烙铁和松香架。两排贴墙而立的铁皮柜，装满了科普书籍和教具。

自 2004 年起，沙国河开始参与到科普活动中。此后的近 20 年间，他设计搭建了几十种科普实验装置，将千余堂科普课带进中小学教室。2009 年 7 月，沙国河在大连市沙河口区中小学生科技中心设立了面向青少年的院士科普工作站，每周二、四为中小学生授课，至今已有超 2.5 万余人次参加。

"从小引导孩子们学科学、爱科学，将来就会有更多优秀的科技人才涌现出来。"沙国河说。

"有人觉得自然科学枯燥，实际上可能是教学方法问题。"为了制作出适合孩子们的实验装置，他自己绘制草图，跑五金店、买材料，再把小零件一个个地组装起来，经常在办公室一忙就是一整天。所里的同事偶尔会看到沙国河出现在海边公园，以为是老先生在散步，实际上他正在测试刚制作好的飞机模型。

"沙老师做科普的时候，他的认真劲儿一点也不亚于做科研！有一次，他为了给孩子们做出理想的实验装置，竟然把被子和锅都搬到办公室来了，直接在办公室吃住。"大连化物所高级实验师、沙国河的助手崔荣荣说。

木块遇到二氧化碳激光怎么瞬间就起了火苗？几个强壮的男孩，为什么都拉不开巴掌大的马德堡半球？电池怎么会变身"小火车"在铜线圈中快速穿行？……一个个妙趣横生的实验让孩子们大呼神奇。沙国河经常被孩子们围在中间问各种科学问题，成了"孩子王"。做实验的时候，沙国河尽量让孩子们自己操作、体验。"和孩子们在一起，就忘记了辛苦、忘记了时间。"沙国河说。

"做这些实验不是为了让孩子们学到多么高深的知识，而是要激发孩子们对科学的兴趣。"沙国河说，他小时候的梦想是成为一个"发明家"，小学五六年级时，就自己制作收音机、电动机等。他相信，在孩子们心中播撒更多的科学种子，一定能长出参天大树。

（原载《人民日报》2022年5月20日）

学人小传

沙国河：1934 年生，中国科学院大连化学物理研究所研究员，1997 年当选中国科学院院士，主要从事化学激光、激光化学及分子反应动力学研究。曾参与设计研制中国第一台化学激波管、中国第一台化学激光器，首次实验观察到分子碰撞传能中的量子干涉效应。曾获国家自然科学奖二等奖、全国科普工作先进工作者、全国最美科技工作者等荣誉。

专注科研不停歇

沙国河一生专注科研，如果说兴趣让他不觉得辛苦，那么就是责任使他不愿停歇。

这责任来自他想为科学进步贡献力量的信念。即使研究方向不断转换，他执着的科研精神却始终未变，一次次在科研的沃土中挖出真金。

这责任来自他对待科研工作的诚实与谦虚。在失败远比成功多、未知远比已知多的研究领域内，他的成就很高，但他的心依然澄澈如初。

这责任也来自他对优秀科研人才涌现的期待。耄耋之年，他坚持站在科普讲台上，让孩子们感受科技的魅力，学科学、爱科学。

一生做科研，是沙国河的梦想；承担科学家的使命和责任，则是他对自己几十年如一日的要求。

胡婧怡

许祖彦：
孜孜"追光"六十年

　　北京冬奥会闭幕式上，"折柳寄情"的场面至今令人记忆犹新：一棵由激光组成的"参天大树"在舞台中央拔地而起，无数条光束透过主火炬台，穿云破雾、直达天际。这棵"大树"应用的是我国自主研发的"真激光"技术，其背后凝结的是一位82岁的激光技术专家孜孜"追光"60年的奋斗成果。他就是中国工程院院士、中国科学院理化技术研究所（以下简称理化所）研究员许祖彦。

"激光就是一项支撑技术，
困难再大，我们也要自己做"

在组成物质的原子中，有不同数量的粒子（电子）分布在不同的能级上，在高能级上的粒子受到某种光子的激发，会从高能级跳（跃迁）到低能级上，辐射出与激发它的光相同性质的光。在某种状态下，能出现一个弱光激发出一个强光的现象。这就是"受激辐射的光放大"，简称激光。

许祖彦的办公室陈设简单，最显眼的就数墙上写得满满的白板和角落里的那台激光电视了，"这边是基础，那边是应用。"许祖彦轻触遥控器按键，激光电视清晰的画面便投射到墙壁上。它看上去要比普通家用投影仪大一些，即使在正午强烈自然光的照射下，画面的色彩也没受太大影响。

许祖彦解释，激光显示是以红、绿、蓝三基色激光为光源，通过调控三色激光强度比、总强度和强度时空分布进行显示的。它能够精准控制在人眼的"最佳视觉感知区"，"看久了眼睛也不会有明显的疲劳感。"许祖彦让记者坐到激光电视前的沙发上，自己却拉来一把小椅子。许祖彦说，自己习惯坐硬板凳。而研究激光的这条"硬板凳"，他一坐就是60年……

20世纪60年代初，许祖彦进入中国科学院物理研究所

（以下简称物理所）陈春先研究小组工作。当时，国际上对激光的研究刚兴起，物理所也着手开展激光研究。

1964年，许祖彦在刚建成的50万焦耳闪光灯泵浦固体激光实验室内，使用两根1米长的红宝石晶体，在液氮温度下自由震荡运转，产生了3000焦耳的激光脉冲，击穿了1厘米厚的钢板；此后不久，他们又使用隐花菁染料对红宝石激光调Q（一种实现激光"脉冲输出"的手段），实现了500兆瓦巨脉冲输出，用5厘米透镜聚焦电离击穿空气，产生等离子体线。

"起初，我们的工作条件很差。"许祖彦回忆，没有合适的闪光灯电源，他就用8千瓦的废旧高频感应炉改装。"我从没见过这么大功率的电器，也找不到图纸。"许祖彦在实验室的板凳上睡了3个月，数清一条条高频炉电线，画出电路图，又用了1个月改造出50万焦耳闪光灯电容器充电电源。为了防止强放电击穿电容器导致爆炸，他还研发了特种保险丝。"一间300平方米的平房，就是我们的实验室，里面堆满了一人高的大电容器。"许祖彦说，"实验室里夏热冬冷，白天听鸟鸣，夜晚蛐蛐唱，但在这里取得的成果，为后来的许多应用打下了坚实的基础。"

20世纪80年代末开始，许祖彦发明了多种激光波长的调控技术，实现从深紫外到中红外波段宽调谐激光输出。后来，他带领团队研制出世界第一台多波长光参量激光器，还带领研究组与陈创天院士研究组合作，成功研制出深紫外固态激光源前沿装备，使我国成为世界上唯一能够研制实用化、精密化深紫外全固态激光源的国家，开拓了深紫外波段先进科学仪器的新领域。在此基础上，我国科学家在石墨烯、高温超导、拓扑绝缘体等研究中获得了一系列重要结果。

许祖彦说，"硬板凳"之所以坐起来舒服，是因为人的腰部有支撑，"激光就是一项支撑技术，困难再大，我们也要自己做"。

"我们努力做出来了，并且做得很好，为产业化发展建立了信心"

20世纪60年代中期，国际上关于激光显示的研究刚刚起步。不久后，许祖彦和团队就在国内率先开展了激光全息照相研究，并不断思考激光大色域显示和3D显示的发展前景。1996年，他提出发展大屏幕激光全色显示的设想，"发展高技术产业，还是要做出个规模来才有意义。"许祖彦说。

许祖彦提出多项专利技术，研制出多种大功率红、绿、蓝三基色DPL（全固态激光器），合成20瓦以上的白光激光。他和团队成员又与国内多家科研单位联合攻关，2003年，他们终于在国内首次实现了激光全色投影显示；接下来，他们又相继完成了60英寸、80英寸、140英寸、200英寸等系列激光显示原理样机的研发。

"我们的努力证明，激光显示是可行的。"许祖彦说，"自激光发明以来，人们就想用它做显示，理论上激光全色显示色域广，显示的图像应当很好看，我们努力做出来了，并且做得很好，为产业化发展建立了信心。"

为了实现产业化目标，许祖彦和很多人打过交道。有的说，成果很好，还是等形成规模我们再支持；有的说，我们需要的成果，得一落地就能赚钱。许祖彦没有气馁……他和团队不断提升技术水平，终于等来了激光显示产业化的时机。

2015年5月，杭州中科极光科技有限公司成立。作为理化所的技术成果转移转化企业，这家公司掌握的"真激光"显示技术，能够全面达到BT.2020超高清显示国际标准，建成了6000平方米的自动化光源及整机生产线，公司在工程投影、家庭影院、数字化放映等多个方面实现量产。

"当年许院士做激光显示的时候，遇到的都是前所未见的难题。中科极光开始的新一轮产业化探索，同样没有现成的经验。"师从许祖彦的理化所应用激光研究室主任毕勇说，"我们不仅要继承老一辈科研人员的技术积累，更要学习他们孜孜以求的精神。"

"战略科学家既要知道任务总体，还要知道其中的关键技术"

从事激光研究60年，许祖彦当了40多年的研究组组长，同事开玩笑说他是"研究组长之最"。如今虽已年逾八旬，从战略研究到实验技术细节，他都尽心尽力。"有新当选的院士问我'院士怎么当'？我说'院士不好当'。原来是教授、总工程师，当了院士、成了工程科学家了，更要争当战略科学家。"许祖彦说。

什么是战略科学家？在许祖彦看来，一是能找到战略方向，二是知道怎么去实现这个战略方向。"战略科学家既要知道任务总体，还要知道其中的关键技术，在某些特定领域要'知道全部'。"

在激光领域，从上游的基础研究、应用基础研究，到下游的产业化，许祖彦全都"做了一遍"。"我做激光60年，我的党龄也是60年，一定要做点对国家有用的东西。我没什么了不起，是赶上了好时代，遇到了好机会。"许祖彦说。

许祖彦尤其重视培养人才。他是中国科学技术大学第一届毕业生，老师中不少都是科学泰斗和杰出的科学家。老师们的言传身教让许祖彦受益匪浅，他也希望自己能够"发光发亮"，薪火传承。

"我们需要一批具有学术引领能力和产业发展带动能力的领军型科研人才。"许祖彦说，要鼓励青年科研人员"为创新找路子"，不能有"吃老本""过小日子"的想法。他呼吁体制机制创新，为具备潜质的中青年人才打通成长渠道；他喜欢举办学术沙龙，喜欢给学生讲故事，因为"故事能启发人的悟性"；学术夏令营请他去给学生们作报告，他不愿只站在讲台上，而是要坐到学生中间，平等对话……

生活中的许祖彦喜欢做菜，对于自己拿手菜的每个操作步骤都如数家珍，甚至还用上了科学术语，比如"做凉拌萝卜丝的诀窍是用'饱和糖水'"。他说做菜的过程"既有程序又有认识"，"要一边改变'参数'一边调优"，跟科研是相通的。"我不主张一天 24 小时都花在一个问题上，那样效率会很低。人的注意力也需要切换。但无论做什么事，关键是做的时候要保持专注。"许祖彦说。

（原载《人民日报》2022 年 6 月 16 日）

学人小传

许祖彦： 1940 年生，物理学家，激光技术专家，中国工程院院士。他发明多种激光波长的调控技术，实现了从深紫外到中红外波段宽调谐激光输出；成功合作研制出深紫外固态激光源前沿装备，使我国成为世界上唯一能够研制实用化、精密化深紫外全固态激光源的国家，开拓了深紫外波段先进科学仪器的新领域；他领导团队在国内率先实现红、绿、蓝三基色全固态激光投影显示，推动了我国大色域显示技术的发展。

以时间刻度标注创新高度

　　82岁高龄，60年的科研生涯，但许祖彦说自己最缺的就是时间，最不愿浪费的也是时间。60年来，以许祖彦为代表的几代"追光者"，正是以只争朝夕的紧迫感、水滴石穿的耐心、一以贯之的专注，换来了我国在激光技术领域跻身世界前列、激光显示产业"从原理可行、技术可行，到产业可行"的成就。

　　科技革命日新月异，产业变革飞速发展。我国的科技事业既要紧跟前沿，更要立足长远。尤其对一些周期长、见效慢的基础研究、支撑技术研发来说，更要保持足够的耐心，摒弃"短平快"思维，脚踏实地、久久为功。希望更多肩负自主创新使命的"追光者"，以时间刻度标注创新高度，蹚开天高海阔的创新之路，成就意义不凡的奋斗人生！

谷业凯

施蕴渝：
求索生命系统的奥秘

　　一袭布衣，一头银发，办公室里，施蕴渝利落地点击鼠标，一张张蛋白质三维结构图跃入眼帘。"生物大分子的世界充满未知，我们在研究过程中遇到不少困难和挑战，但千万不能轻言放弃。"施蕴渝说。

父亲的言传身教、求学路上的所见所闻，
让科研报国的种子生根发芽

施蕴渝一直有个科研梦！无论是幼年倚在父亲身边，听他描绘物理世界的缤纷多彩，还是漫漫求学路上，接触到生命科学的前沿，科研报国的念头始终萦绕在她脑海……

施蕴渝出生于战火纷飞的年代。儿时颠沛流离的经历让她意识到，个人命运总是与国家民族的命运紧密相连。父亲施士元是受居里夫人指导的物理学博士。毕业后，时年25岁的施士元回国任教，成为中国核物理学研究和核物理高等教育的开拓者之一。在施蕴渝看来，科研报国的精神在父亲身上展现得淋漓尽致；他的言传身教，也激发了施蕴渝投身科研的热情。

怀揣着对自然科学的喜爱，1960年，施蕴渝考入了中国科学技术大学。当时，生物物理学是一门新学科，教育体系尚未成熟。"时任中科大生物物理系主任的贝时璋院士认为，课程设置要'四不像'，让学生打好数学、物理、化学和生物基础。"施蕴渝说，正是扎实的基础课程学习，为自己以后的科研工作打下坚实的基础。

教室里，钱学森、华罗庚、严济慈等学者给大家上课的那段日子，让她记忆犹新……施蕴渝说："能够近距离感受到老一辈科学家浓浓的爱国情怀，何其有幸！"礼堂中，大伙儿紧紧围着一台黑白电视机，为中国运动员获得世界乒乓

球锦标赛冠军而欢欣鼓舞的场景，她至今难以忘怀："年轻时大家那种奋发向上的状态一直激励着我，也让我下定决心，要用自己的科研成果为建设祖国贡献一份力量。"

大学毕业后，施蕴渝先是被分配到原卫生部中医研究院工作；1970年，她回到中科大任教，没过多久，随校从北京南迁至安徽合肥。

施蕴渝承担起搬迁南下仪器设备的任务。她和同事一道，将装满设备的箱子一件件从教学楼搬至北京的车站，到达合肥后又把箱子一件件从车站搬至教学楼……

较早从事生物大分子计算机分子动力学模拟研究；领导创建中科院结构生物学重点实验室

中科大南迁历尽艰辛，科研设备丢失、教学力量薄弱……"所幸，学校后来采取一系列新举措逐步走上正轨。"施蕴渝说，学校向青年教师提供公派出国进修的机会，她成为当时中科大生物系首名通过教育部考试公派出国的年轻教师。她先后两次出国进修，从事计算生物学研究和生物核磁共振波谱学研究，学习用生物大分子分子动力学及用两维核磁共振波谱研究生物大分子的结构与功能的理论与实验方法。施蕴渝说："海外学习的经历开拓了我的科研视野，也督促我更加努力地汲取知识。"

20世纪70年代，施蕴渝和同事们迫切想跟上国际学界的脚步，在中科大开展生物大分子方面的前沿研究，但是缺少经费和仪器。为了快速推进项目，施蕴渝和同事跑遍了上海的图书馆，查文献、翻资料，绞尽脑汁，连续熬了两个星期，才把"国家高技术研究发展计划"的申请书写完。

当时，中科大生物系有 3 个课题入选，施蕴渝负责的"蛋白质分子设计的新技术研究"是其中之一。此后，她开始从事生物大分子计算机分子动力学模拟研究，并成为国内此领域的开创者之一。由施蕴渝主导的"生物分子结构与动力学的计算机模拟"项目，获得 1996 年中国科学院自然科学奖二等奖与 1999 年国家自然科学奖三等奖。

20 世纪 90 年代初，施蕴渝的实验室获得中科院支持，购得第一台可以做生物大分子溶液结构的 500 兆赫核磁共振谱仪，但是真正开展实验时，还是遇到了许多困难……她的态度是坚定的："科学研究要专心致志，耐得住寂寞，经得起波折。"施蕴渝领导的研究组解析了系列重要蛋白质的溶液结构，研究揭示蛋白质相互作用及其功能意义。她还领导创建了中科院结构生物学重点实验室，后来成为合肥微尺度物质科学国家研究中心的重要组成部分。

为中小学生做科普，为本科生讲基础课，培养更多青年科研人才

安徽寿县，第一中学。台上，施蕴渝手持话筒，将自身经历和生命科学的知识娓娓道来；台下，学生们聚精会神，被她描绘的生物大分子世界深深吸引。从科学兴趣

的激发到科研方向的选择，从打下扎实基础到心怀报国热忱，一个半小时里，施蕴渝在孩子们的心田撒下了科学的种子……

虽已年届八旬，施蕴渝仍多次走进中小学，为学生们开展科普讲座。"自小接触科学知识，激发了我的好奇心，进而走上了科研道路；我也想将这份热情传递给孩子们。"施蕴渝希望能为小朋友们打开一扇科学之窗。

施蕴渝记得：2019 年，在湖北麻城黄土岗镇中心小学，她给大别山区的孩子讲了一堂关于"血红蛋白及血红蛋白疾病"的科普课。同学们的眼神中充满了对科学知识的渴求，也深深打动了她，所以她越来越喜欢走出校园、奔赴山区……

在中科大生命科学学院，为了加强本科生的基础教育，施蕴渝坚持多年给新生上普通生物学课。施蕴渝说，对于交叉学科而言，基础课十分关键。"教学是教师的天职，我想为科学事业培养更多人才。"作为中科大生命科学学院首任院长，她与同事们一起在中科大率先建立了结构生物学与计算生物学完整的教学体系，还特意请来中科院生物物理研究所的专家为学生们授课，培养了一批在计算生物学与结构生物学等交叉学科领域工作的年轻学科带头人。

如今，满头银发的她依旧每天步履匆匆地到实验室工作。在学校里，遇到施蕴渝，学生们总爱亲切地唤她一声"施奶奶"。眼下，"施奶奶"又开始从事衰老与退行性疾病相关蛋白质结构及疾病的分子细胞机制的研究。此外，她还在积极推动人工智能与生物医药的研究。她认为，每一个新的领域都有大量知识需要学习，登山的快乐不仅仅是抵达山顶的那一刻，更是在不断攀登的过程之中。

（原载《人民日报》2022年9月26日）

学人小传

施蕴渝： 1942年生，中国科学院院士，生物物理学与结构生物学家，中国科学技术大学教授、博士生导师。1960年考入中科大生物物理系，自此她与生命科学结下了不解之缘。多年来，施蕴渝始终坚守在科研一线，运用结构生物学方法研究基因表达调控与细胞命运决定的分子机理，取得诸多创新性成就，为中国生物核磁共振研究在国际上占有一席之地做出了贡献。

研究永不止步，唯有终身学习

在采访过程中，提及生命科学领域的前沿发展，施蕴渝兴致盎然……80 岁的她，在培养科研人才的同时，还乐于和年轻人一起学习。在施蕴渝看来，能够和学生们共同探寻生物大分子世界的奥秘，既快乐又充实。年轻人学起新鲜事物总是快一些，遇着她不太理解的，还能体验一把当学生的滋味。

生命科学与人口健康、医药、生态密切相关，生命世界充满许多尚未解决的科学问题。对于施蕴渝来说，研究永不止步，唯有终身学习。正是无数科学家们如她一般，永葆学习热情，不断向上攀登，才使科学研究焕发无穷生机……

游　仪

王国栋：
"一到钢厂，就有回家的感觉"

  王国栋并不喜欢别人给他赋予太多头衔，他认为："做人，就要脚踏实地。"

  奔腾的钢花日夜飞溅，雄伟的轧机阵阵轰鸣……这是王国栋最喜欢也最熟悉的场景。挺起民族钢铁的"脊梁"，让"国之重器"不再受制于人，王国栋情愿为此奋斗一生！

"在车间没日没夜地干活，草图都画了好几本"

案头上的日历，记录了这位 80 岁老院士的忙碌：每年，约有一半时间在一线奔波，参加项目论证，交流技术方案，推动新技术落地……王国栋说："一到钢厂，就有回家的感觉。"

在鞍山成长的王国栋，"钢铁情结"融在骨子里。1950年，8 岁的王国栋随父母来到鞍山。那时他耳闻目睹的都是如火如荼的建设工地、捷报频传的建设项目、顶天立地的钢铁工人……

"老英雄孟泰，王崇伦和万能工具胎，张明山和反围盘，我是听着他们的事迹长大的。"王国栋说。为了学习喜爱的专业，大学填报志愿时，他填报了东北工学院（今东北大学）钢铁冶金系钢铁压力加工专业。

"那时候，我可以如数家珍地把初轧机、半连续轧机、轨梁轧机介绍给亲戚朋友，告诉他们巨大的钢锭怎样变成钢坯，实心的钢棒怎样会在穿孔机里变成无缝的钢管。"多年后，王国栋回忆起青春岁月，心中无限眷恋。

毕业后，王国栋被分配到鞍钢小型厂。在那儿，他度过了 10 个年头。小型厂生产条件艰苦、劳动强度大、危险性高。他从车间的基础性工作做起，和师傅们一起夹钳、换辊……

当时，工厂生产解放汽车和黄河汽车前桥的毛坯。由于没有喂入装置，轧件不能点咬入轧辊，造成头尾部形成两段不完整的周期，成材率最多不过 75%，原料浪费极大。

王国栋主动请缨，连续翻译了多篇外文文献，并与 3 位实践经验丰富的老工人组成技术革新组，进行技术攻关。

"记不清失败多少回。在车间没日没夜地干活，草图都画了好几本，总算实现了轧件送入装置与轧机传动系统的联动，保证了成材率。"说起这一段，王国栋脸上露出了笑容。

鞍钢 10 年的基层生活，让王国栋认识了中国的钢铁、钢铁工人和钢铁工业。"小型厂的艰苦环境、小型厂师傅们眼中的期盼，成为一种强大的驱动力，让我知道肩上的责任有多重！"王国栋说。

1978 年 10 月，王国栋考入北京钢铁研究总院，成为著名轧钢专家张树堂教授的硕士研究生。毕业后，王国栋回到母校东北工学院（今东北大学）任教。

"当我们吃不下饭、睡不着党的时候，科研成果就快要出来了"

钢铁，大国筋骨。10 年钢铁行业磨砺，让王国栋有了更深远的认识："我们需要寻求新的加工工艺，既要大幅提高钢铁材料性能，延长使用寿命，又要提高资源的利用率和回收率。"

1998 年，在国家"973"计划的支持下，王国栋团队开始了"轧制过程中实现晶粒细化的基础研究"课题。经过多次试验表明，细化晶粒会明显提高屈服强度，这对材料的塑性是十分不利的。在当时条件下，加工制造难度也很大。

"要将研究重点定位在能够实现的目标上，于是我们提出了晶粒适度细化的概念。"王国栋说。

思路一变天地阔。王国栋和课题组成员长期驻扎工厂一线，在实验室实验、分析、计算，在现场调研、座谈、制订实验方案。

"当我们吃不下饭、睡不着觉的时候，科研成果就快要出来了！"回忆那段岁月，王国栋不觉得苦，因为他隐约看见隧道前的光亮。

然而，更大的困难是怎样将实验室的研究结果在工业化轧机上实现。通过调研，王国栋了解到宝钢的2050热连轧机是当时我国唯一一套具有世界先进水平的热轧宽带轧机。课题组成员已经在宝钢工作10余年，对轧机从硬件设备到计算机系统，都有透彻的了解。经过周密的论证和风险分析，各方专家统一结论：批准实验！

1999年9月，在宝钢2050热连轧机上进行了SS400钢细化晶粒的现场轧制实验，这是世界上第一次用工业化的轧机轧制超级钢的实验。当试验机显示出材料合格的力学性能指标时，课题组的同志和现场的工程技术人员欢呼雀跃，紧紧拥抱在一起。

超级钢诞生了！

超级钢的应用，有效降低了资源消耗，每年至少为国家节省数亿元开支。但王国栋总说："超级钢只是材料革命浪潮里的一朵涟漪，把这一页翻过去吧！往前看，那才是波涛汹涌的大海！"

从 2012 年申报组建，到 2015 年正式运营，年逾 70 的王国栋再次担负起了建设"2011 钢铁共性技术协同创新中心"的重任。981 钻井平台、观音岩大型电站、新一代舰船、南海荔湾深海油气田厚壁管线、驰骋北冰洋的高技术船舶、"华龙一号"三代核电技术全球首堆示范项目……这些光彩夺目的"国之重器"，凝聚着王国栋团队的心血，更是他们心中的骄傲。

"年轻人创造力无限，要为他们搭建施展才华的舞台"

"把论文写在祖国大地上，把成果镌刻在祖国的钢铁生产线上。"这句话是王国栋的座右铭。他总是勉励学生，科研人员要有脚踏实地的奋斗精神，争取项目不忽悠、不夸口，支出经费不旁骛、不浪费，勇于自主创新，为国家钢铁领域科技自立自强做贡献。

谈起学生，王国栋很是欣慰："学生是我'年轻的战友'，他们正在成长为参天大树的路上努力。"

王国栋对学生们有一个要求："不学千家会，只求一招绝"，要用自己的"绝招"服务钢铁行业。为了实现这个目标，王国栋将年轻人"投放"到生产一线，让他们在实践中增长才干。

宝钢建设 1580 热连轧机项目中，王国栋为年轻人提供了难得的机会。在这台当代先进的轧机安装调试阶段，王国栋安排年轻教师、研究生深入一线。日日夜夜，他们穿着工作服，调试投产改进，与宝钢人一起奋斗……

一开始，宝钢也不确信学生们能否攻克难关，王国栋却充满信心："年轻人创造力无限，要为他们搭建施展才华的舞台。"

一年多后，学生们掌握了技术的精髓，不仅实现了废品量降低 30% 的目标，还超额完成任务，使废品量降低到 50%。毕业后，参与攻关项目的学生都留在了宝钢，成了企业年轻的业务骨干。

刘振宇是王国栋团队的中生代力量。他带领的团队与宝钢鞍钢合作，开发出绿色钢铁智能化制造技术，有效解决了当前钢铁企业规模化生产和用户个性化需求之间的矛盾。

"当时研究生很少，系里只有两位。王老师每次讲课都非常认真，还给我们俩准备了一本厚厚的教案。"刘振宇回忆。

多年来，王国栋领衔的东北大学轧制技术及连轧自动化国家重点实验室为国家培养了 200 余名博士研究生，这些年轻人有的活跃在我国的冶金厂，成为新一代材料加工专家；有的在高校任教，成为我国教育战线的主力军；有的在国外深造，准备将来归国为国家做贡献……

（原载《人民日报》2022 年 1 月 13 日）

学人小传

王国栋：1942 年生，中国工程院院士，东北大学教授，我国著名的金属压力加工专家。从教 40 多年来，他领衔研发的超级钢、"新一代控轧控冷技术"等攻克了高端钢铁领域的关键难题，助推我国从钢铁大国向钢铁强国迈进；曾获国家科技进步奖一等奖 2 项、二等奖 6 项、技术发明二等奖 1 项。

老骥伏枥　壮心不已

　　王国栋对钢研究有"瘾"：少年时，他生长于钢都鞍山，誓言要做顶天立地的钢铁工人；青年时，他求学当时的东北工学院，毕业后被分配到小钢厂，从夹钳做起，发志炼出好钢；中年时，他穿梭于实验室和工厂之间，把成果镌刻在钢铁生产线上；到了晚年，他虽已桃李满天下，却仍老骥伏枥壮心不已，继续攻关突破……

　　身材瘦削但精神矍铄的王国栋，用热情饱满的工作态度感染着身边的年轻同事。他总是说人生苦短。他苦于自己为中国钢铁行业奋斗的时日有限，更苦于为国家培养人才的机会不多。所以，在有限的人生中，他要把更多的时间和精力投入研究和"传帮带"中去！

　　对于王国栋而言，超级钢早已融入他的血液。正是像王国栋这样的一大批科学家，挺起了钢铁的脊梁，却累弯了自己的腰……

辛　阳

林占熺：
点草成金造福更多人

　　2022 年 6 月 28 日，福建省菌草科学与技术研究院授牌仪式暨福建农林大学菌草科学技术成果发布会在福州举行。发布会上，菌草技术发明人、国家菌草工程技术研究中心首席科学家林占熺研究员领衔的研究团队介绍了多项菌草研究最新成果……

　　同年 4 月，《林占熺与中国菌草》一书首发，生动记录了林占熺及其团队几十年锲而不舍开展科技攻关的故事。当下，这位年近八旬的老教授仍然在为菌草事业四处奔走……在林占熺的努力下，郁郁葱葱的"野草"和富民增收的菌菇，持续发生着奇妙的连接。

"我是农民的孩子，干农业是应该的"

1943年出生的林占熺，打小生活在龙岩连城。地处闽西，山高路远，家中困难，小时候时常饿肚子，"看到长辈们用芒萁等野草掺进面粉米糠里充饥，就懂得粮食实在是太珍贵了。我是农民的孩子，干农业是应该的"。学农，在林占熺的心中扎下了根；后来在报考大学时，林占熺的志愿表中，填写的都是农业院校。

1968年，25岁的林占熺从福建农学院（现福建农林大学）毕业；3年后，他被分配到三明真菌研究所工作，研究食用菌的培植和生产。

20世纪70年代，食用菌成为农民脱贫致富的重要产业，但因为需要过度砍伐木材做培养基，与生态平衡形成了突出矛盾。

1983年，林占熺随同福建省科技扶贫考察团，来到龙岩长汀县，这里的情景让他触目惊心——"悬河"高出两边耕地一两米，四周山丘荒秃、耕地沙化，一派凄凉，"那真的是山光、水浊、田瘦、人穷，生态环境极其恶劣，当时我们就提出，能不能用以草代木栽培食用菌。"林占熺唏嘘不已……

从长汀归来，40岁的林占熺辞去行政职务，开始专心研究"以草代木"栽培食用菌的技术。没有实验场所，林占熺向学校工程队借来5万元建实验室，"这相当于一家人月收入的 500 倍，万一实验失败了，恐怕一辈子也还不起了。"语气停顿，林占熺又补充说，"但这又有什么关系呢？一定要干成！"

此后的 3 年，林占熺前后奔走：没有菌种接种针，就把家里的自行车拆了，将钢线磨光来代替；没有粉碎机，就借用学校农场的饲料粉碎机，把野草芒萁粉碎了做培养基……终于，1986 年，第一朵用芒萁培育出来的香菇，在试验瓶里破土绽放。

此后，林占熺带领团队进行标准化的系统选育：根据太阳能利用率、内生固氮菌、根系、生长速度、植株情况，以及营养、抗逆性等一系列标准来选择植物。筛选、培育出来的菌草植物多达 45 种，可以满足 55 种食药用菌的栽培需求。从此，菌草技术诞生。

"要让世界都知道，菌草是中国的骄傲"

菌草技术的成功研发，让林占熺与扶贫结下了不解之缘。

1988 年，林占熺到福建三明尤溪县推广菌草技术，120 多期的菌草技术培训班、近 2 万学员，让菌草技术迅速在尤溪县广泛传开。后来，选择"以草代木"种菌类的农民从最开始的 27 户增加到 4236 户。菌草技术，一举成名！

闽宁对口扶贫协作的开展，也让菌草技术跨越山海，走向全国。1997 年 4 月，福建宁夏对口扶贫协作会决定将菌草技术列为帮扶宁夏项目；此后，菌草技术在宁夏落地生根。

从那时起，林占熺带着 6 箱菌草，开启了长达 20 多年的菌草扶贫之路。大西北干旱少雨，戈壁滩极其干涸，生态环境十分脆弱。为了更好地保存水分、保证温度，林占熺创造性地提出"窑洞种菇"的新方法，利用当地丰富的农作物秸秆做培养基，生产反季节菌菇，大幅提高了农民收入。

1998 年，林占熺团队来到闽宁村。"为了打消大家的顾虑，我们不仅包教包会，还帮忙包销。"在林占熺团队的推动下，闽宁村的菌菇源源不断地销往国内各地。此后，林占熺还先后承担国家级重点推广项目。如今，菌草技术已在 31 个省份的 506 个县推广应用。

菌草技术成功后，引发了国际关注。1995 年，中国对外贸易经济合作部将菌草技术列为援助发展中国家的技术培训项目；1996 年，林占熺携带菌草技术首次出海，赴巴布亚新几内亚东高地省推广获得成功。在斐济，菌草技术被誉为"岛国农业的新希望"；在莱索托，短时间即可收回成本；2017 年，菌草技术被列为联合国和平与发展基金重点推进项目向全球推广，为构建人类命运共同体贡献"中国方案"。

2000 年 5 月，应时任福建省省长习近平邀请，巴新东高地省代表团访问福建，双方签署友好省协议和《福建省援助东高地省发展菌草、旱稻生产技术项目协议书》。经过两地 20 多年的共同努力，林占熺团队和当地民众创下了 3 个纪录：巨菌草产量最高达 853 吨／公顷，农户旱稻产量达 8.5 吨／公顷，旱稻宿根法栽培创造了 1 次播种连续收割 13 次的纪录，使巴新摆脱了对进口大米的依赖。

"我的梦想就是点草成金造福更多人，也要让世界都知道，菌草是中国的骄傲。"林占熺说。

"我们要把论文写在祖国大地上，写在农民饭碗里"

"从小父亲就一直对我们晚辈说，要把农民的事情当大事。"如今已是国家菌草工程技术研究中心副主任的林冬梅说。

作为家中长女，林冬梅自小就参与父亲林占熺的科研……"严格说来，我的第一份科研工作，就是每天傍晚准时守在电视机前收看天气预报，然后把各县市的气温记录下来，作为父亲研究食用菌种植的参考数据。"林冬梅回忆说，"小时候，父亲总是早上四五点就起来工作，一直到晚上十一二点才休息，他说工作马虎不得，能多干点就多干点。"

令林冬梅印象最深的，是父亲每次出差，总把行李箱塞得满满的，"里面没有衣服，都是各种仪器和资料；回来的时候，装满了各种优良野草"。在父亲的影响下，林冬梅从小树立了"当一名科学家"的理想。

在父亲的支持下，2004年，林冬梅也开始研究菌草技术。前些年，林占熺开始带着女儿，把目光放在了黄河流域的生态治理上，目标为"种下黄河千里菌草生态屏障"。

"菌草不仅能以草代木培养菌菇，在防风固沙、土壤增肥方面也有着突出的成效。"林占熺说。在气候恶劣的乌兰布和沙漠，团队种下的菌草在7次"死而复生"之后，终于在沙漠"长"出了绿洲。2017年，来自多所院校的50多名专家学者对菌草成长后改善沙地微生物及相关成分做了研究监测，结果显示有机质含量增加了58.97%。

"我所做的还远远不够，构筑黄河生态屏障任重而道远，我们要把论文写在祖国大地上，写在农民饭碗里。"林占熺说。

（原载《人民日报》2022年7月7日）

学人小传

林占熺：1943年生，福建省龙岩市连城县人，享受国务院政府特殊津贴专家，菌草技术发明人，长期从事菌草技术的研究、推广和教学；现任国家菌草工程技术研究中心首席科学家、研究员，博士生导师、联合国国际生态安全科学院院士，是扶贫剧《山海情》中凌一农教授的原型。

让农户成为技术进步的最大受益者

在林占熺的办公室里，一张偌大的世界地图格外醒目，上面用红色标注了菌草技术的推广轨迹；在林占熺家中，最大的一间屋子是他的办公室，书籍堆积直抵房梁。即使在家休养，林占熺依然不会"浪费"一点时间，全身心扎在工作中……

有人问，作为菌草技术发明人，为啥不申请专利？林占熺说："扶贫技术的门槛，降得越低越好。"为了让农民"一看就懂"，林占熺将菌草技术简化再简化，让农户成为技术进步的最大受益者。

如今的中国菌草技术，在国际减贫中贡献中国智慧、在促进构建人类命运共同体中做出贡献，而它的发明人——林占熺，如同一株菌草，依然扎根在田间地头，为技术发展进步贡献着最大的力量……

刘晓宇

印开蒲：
矢志不移，保护生物多样性

　　打开电脑，盯着眼前的校对文稿，印开蒲仔细对照每一个自然段。一行行看下来，遇到有疑问的地方，他就在旁标注……

　　在中国科学院成都生物研究所五楼，一间狭小的办公室里，印开蒲正为《百年追寻——见证中国西部环境变迁》一书再版进行校对。

　　"快，快坐下。"见到记者到访，79 岁的印开蒲连忙站起身，利索地倒起茶。说起与生态保护结缘，印开蒲的思绪飞向 60 多年前……

"看到那层峦叠嶂，每一次都心旷神怡"

1960 年，17 岁的印开蒲高中毕业。恰逢中国科学院四川分院农业生物研究所（现成都生物研究所）招生，从小喜欢植物的印开蒲就这样成了一名植物学研究人员。

"一开始只是见习。我绘画底子好，写字漂亮，就被送到了西南师范大学（现西南大学）地理系学习绘图。"印开蒲打开一本《四川植被》，"看，这些植被分布图都是我画的！"

一把尺子、一支笔、一个军用水壶和一些粮票，成为正式的研究人员后，印开蒲开始参与四川西部的植被考察。

拉起绳子，扯起一块长宽 20 米的正方形范围，计算面积内植物分布数量——从河谷到山地最高处，海拔每升高 100 米，印开蒲便和同事们这样拉一次绳子。"这样就可以计算出一定海拔的植物分布情况和数量，进而计算出一个县乃至更大范围内植物分布情况，从而绘制出植被地图。"印开蒲说，绘图既要巧劲，也得有气力，得一个县一个县地跑。

"那会儿条件艰苦，就着干粮吃咸菜，交通全靠两条腿。"印开蒲常常一走就是好几个月。1962 年，一次在雅安天全县的山林调查结束后，看到调查队员们饥肠辘辘，印开蒲提议打点鱼来解馋。看到网里全是活蹦乱跳的鱼儿，大伙儿当时的那种开心，印开蒲至今还记忆犹新。印开蒲说，在山里考察，既需要掌握科学方法，还要对眼前的植被生态充满热爱，"看到那层峦叠嶂，每一次都心旷神怡"。

1969 年，印开蒲加入四川薯蓣资源调查当中。"薯蓣是一类重要的药用植物，调查薯蓣资源分布状况，可以为后续开展合理利用奠定基础。"当时，作为川东调查组组长，印开蒲还担任着经费管理员的职责。"那会儿管理着 400 元的经费，可大意不得。"每次休息，他都要把经费裹起来，放在衣服内衬里才踏实……

"我们要像保护眼睛一样保护生态环境"

1970 年，因为四川薯蓣资源调查，印开蒲第一次来到九寨沟。"沉没在水中的钙华长堤，在湖水荡漾中透出晃动的光影，童话般的美景让我感到震撼！"印开蒲说，当时，他看到有森林采伐队已经进入山林，心里暗暗担心起来……

果然，1975 年、1978 年，随后的两次九寨沟之行，印证了他的担忧：砍伐后的大量木材被推入江河之中，顺着大渡河、岷江冲下来。"木材在漂流过程中受到沙埋、腐蚀等因素影响，实际能利用的木材只有不到 20%。"印开蒲说，不仅木材得不到利用，因为森林砍伐，生态环境也遭到了破坏，"我深刻感到我们要像保护眼睛一样保护生态环境"。

回到成都后，印开蒲向时任所领导报告。随后，由他主笔，拟写了一份建议在四川建立几个自然保护区的报告，

"我们可以利用保护区研究珍贵动植物的生态和生物学特性"。报告中，印开蒲提出建立南坪县（现九寨沟县）九寨沟亚高山针叶林自然保护区，并介绍了九寨沟的动植物和环境特点。

与此同时，他还撰写了另一份报告，分析不合理的森林采伐导致水土流失、木材浪费等问题，提出"制止不合理开发利用形式"的建议。

随着两份报告得到关注，1978 年 12 月，九寨沟被列为国家级自然保护区，森林采伐随后被禁止。

此外，20 世纪八九十年代，稻城县亚丁村的生态问题受到关注，如今成为著名的自然保护区和风景名胜区；21 世纪初，岷山土地岭大熊猫生命走廊项目建成，大熊猫的栖息地得以很好地保护……在四川，很多有关生态保护的建议、规划，都有印开蒲的一份功劳。

"生态保护是我一辈子钟情的事业"

100 多年前，一位国外的植物学家在采集植物时，在中国西部拍摄了上千张照片。1997 年，印开蒲开始谋划在曾经拍过照片的地方再次按下快门，反映中国西部生态的变迁。

印开蒲先是花费几年时间研究路线、搜集照片，又用整整 6 年，跑遍了四川、重庆、湖北等许多地方，走完了全程。这对当时已年逾花甲的他来说，十分不易。2010 年，集纳 250 组对比照片的《百年追寻——见证中国西部环境变迁》一书，终于面世。

如何寻找曾经的拍摄地？"一个县一个县地走，找当地的老乡和县档案馆问。"在找拍摄地的过程中，印开蒲也交到了越来越多朋友。

跟着印开蒲一起工作的成都生物研究所研究员朱单，非常敬佩印开蒲的亲和力。"每次和印老师出去，当地人都非常热情。"朱单说，有一年到北川寻访，老乡提前得知印开蒲要来，一直等他们到下午两点多才一起吃饭，"靠的是日积月累的感情"。

"今天尤其辛苦，早上起床时，屋子外面全是白霜。昨晚睡在海拔 3920 米的一户牧民家里……"在印开蒲的日记本里，2008 年在高寒缺氧的情况下翻越大炮山，这段经历让他尤为难忘。

"生态保护是我一辈子钟情的事业"，对于印开蒲而言，生态保护越来越得到重视，让他特别开心。等校对完文稿，他打算带着朱单重走一遍当年的路线，"把我在各地认识的人介绍给朱单，以后他还可以再去拍！"印开蒲对未来期许满满……

（原载《人民日报》2022 年 2 月 17 日）

印开蒲：1943 年生，中国科学院成都生物研究所原研究员、生态学家。他 60 余年从事生物多样性保护和生物资

源考察。他从绘制植被地图做起，参加了四川植被、四川
薯蓣资源、横断山植被等多项科学考察，跑遍了四川盆地
的山山水水。他为九寨沟和亚丁自然保护区的建设、大熊
猫保护、西部地区环境保护等都做出了积极贡献。

孜孜以求　感人至深

采访结束后，印开蒲立即回到工作状态。他说，趁着身体条件还允许，要抓紧完成自己能做的事，来不得半点儿懈怠。

和植物打了一辈子交道，印开蒲主要做了三件事：把植被分布状况转化为一张张清晰的图表，为后人研究提供大量基础资料；呼吁在九寨沟等地区建立自然保护区，扛起了科研工作者的社会责任；拍摄分析植被生态资料，让影像记录穿越百年，把生态保护的理念更形象地传递给公众。

60余年跋山涉水，永远保持孜孜不倦的状态，这是印开蒲身上最打动人的地方。印开蒲贡献的，不只是一份份研究资料和调研报告，更有那份热爱和坚持。

王永战

王军成：
用浮标监测大海

　　"调试完毕，准备投放！""黄河"号小艇缓缓前移，将高15米、重达15吨的圆盘形"大家伙"从"雪龙"号船中部拖至船尾部。吊车挥舞机械臂，将"大家伙"稳稳放到海面上……

　　2012年8月4日，这个"大家伙"——极区海气耦合观测浮标，搭乘"雪龙"号顺利到达挪威海，成为中国首个极地大型海洋观测浮标。这是中国首次将自主研发的浮标和观测技术应用推广到北极海域。

　　这个浮标是王军成的作品之一。回首四十余载，浮标已然成为他生命中的一部分。

"要研制出中国人自己的海洋浮标"

从很小的时候，大海就奔涌在王军成的梦想里。但直到 13 岁那年，他才第一次见到大海……

海面波光粼粼，星光点点。蔚蓝向远处绵延，一望无际。浪花扑打而来，王军成挽起裤腿，赤着脚丫，踩在软绵绵的沙滩上。自此，探究海洋的种子在他的心底萌芽。

1978 年，怀揣海洋梦的王军成从哈尔滨工业大学无线通信专业毕业，来到位于青岛的山东省仪器仪表研究所（后改名山东省科学院海洋仪器仪表研究所），从事海洋监测技术与仪器研究。"在众多海洋仪器中，浮标是构成海洋环境立体监测网的'重量级选手'。"王军成说。

何为浮标？很多人可能一头雾水。"大海脾气古怪，时而风恬浪静，时而咆哮如雷，浮标就像挺立在大海上的'哨兵'，通过实地的观测感知，摸透了大海的脾气。"王军成说，"它连续地测量并发报出多种水文水质气象要素，服务于国家海洋科学研究、海上能源开发等，特别是能收集到恶劣天气及海况的资料，有效保护人民生命财产安全。"

"我刚工作时，我们国家的海上监测还存在空白。"王军成说，"1986 年起，国家实施'七五'科技攻关计划，研制海洋装备被列入计划当中。"

当时，研究所承担了研制浮标的任务。起初，王军成是"摸着石头过河"，跟着老一辈科学家做课题。随着研究逐步深入，他发现，"要研制出中国人自己的海洋浮标，仅靠做课题可不够，得需要一个团队协作攻关。"于是，他把想法报给了所里的领导。

"建团队，谁牵头？这事儿可行吗？"领导有些迟疑。

"我来！"王军成说。摸索许久，他心中早已有了方案，便详细阐述了前期研究成果和研制计划。

"这位年轻同志是块料。"领导打量着眼前这位意气风发的青年，点点头，"可以一试！"

"要走出实验室，要到海上去"

"实验室风吹不到，雨淋不着，浮标拷机正常。海上环境却恶劣多变，导致浮标频出故障。有时是零部件锈蚀了，数据测不出来；有时是锚链断了，浮标'跑'离监测站位。"王军成说，"要走出实验室，要到海上去，解决浮标在复杂海洋环境中的适应性难题。"

1993 年夏天，东海上一台浮标出现故障，王军成与团队成员乘船去检修。那天风大，海浪高达 2 米。他们趁着风浪较小的时候，从船的舷梯跳上浮标，开始紧急维修！

大风越刮越猛，掀起足有 3 米高的大浪。"咚，咚——"浮标摇晃得厉害，与船发生猛烈碰撞，船竟被凿出一个窟窿！"光是站稳就要耗费掉极大的体力。我们一边修一边吐，吐得胃里什么都没有了，就吐苦胆水……"4 小时后，终于检修完成。按照往常，完成工作后，他们要从浮标爬到船上。

"当时，前面的同事刚爬上船，浮标又和船撞了，如果再晚几秒钟，人可就危险了！"王军成说。

"别爬了，跳海吧！"船长一看，当机立断。

船长甩出一条绳子，王军成来不及多想，拽住绳子，系在腰上，再套上救生圈，咬咬牙，一头扎进海里；刚一跳下去，大浪瞬间就把他卷了进去；他闭着眼睛，奋力挣扎着；船长和同事用力拽住绳子，好不容易才把他拉回到船上……

至今，想起那次的经历，王军成仍心有余悸。"我和团队同事经常出海，有时连续两三个月漂在海上，一年有上百天的时间在海上度过。"王军成说，"这是最艰难的一次。"

20世纪90年代是技术突破的关键期。基于无数次的海上实验，王军成带领团队攻克了浮标系统在恶劣海洋环境下生存以及获取气象水文基本监测数据的技术难点，成功研制出我国第一台业务化的大型海洋浮标系统，实现了卫星可靠传输、数据准确测量等技术突破，浮标稳定性逐步提高。

"建功海洋，矢志报国，此生无畏、无怨、无悔"

说起浮标的"进化成长"之路，王军成不禁想起2008年的青岛奥帆赛……

"赛场上需要用浮标实时提供海洋气象、水文资料，满足奥帆赛精细化监测的要求。要一分钟传一次数据，不能中断。"王军成说。

　　起初，一家外国公司中标浮标项目，青岛奥帆委提前一年试用设备，结果不到半年就频繁出故障。比赛日益临近，奥帆委急忙找到王军成："能否尽快做出 3 台符合要求的浮标？"

　　王军成带领团队加紧研制。浮标从布设到海里，直到奥帆赛顺利结束，没出过一次故障，奥帆委专门发来了感谢信。王军成说："咱们自主研发的国产浮标大显身手，可以和世界先进水平的浮标同台竞技，给国家争了光。"王军成说。

　　奥帆赛之后，海洋环境监测站、渔业资源监测中心、海洋预报台等单位纷纷联系王军成所在的浮标研究室，采购大型海洋监测浮标。

　　在王军成的桌上，铺着一张国家海洋环境监测浮标网分布图。仔细一瞧，上面分布着密密麻麻的浮标，"你看，这些年我们陆续布设了 12 个型号共 200 余个海洋'哨兵'。"王军成指向图片："能测量传输的参数扩展到 30 多个，探测范围从空中延伸到海下 1000 米……"

　　40 余载，王军成带领团队走遍沿海，布设的浮标占到我国海洋业务化海洋浮标监测网的 90% 以上，每天向国家海洋局和中国气象局提供约 3 万组气象水文数据，为我国发展海洋事业提供了技术支撑。

　　而今，王军成已年近七旬，但攀登科学高峰的步伐仍未停歇，"新一代浮标将拥有智慧的'大脑'，精准感测，智能感知。"王军成笑着拍了拍桌子上那摞厚厚的资料，最近，他正忙着研发新型智能海洋浮标……

"从事海洋浮标研究异常艰苦，甚至充满危险，但我从来没想过放弃！"王军成两鬓虽染白发，眼里却闪着光："建功海洋，矢志报国，此生无畏、无怨、无悔。"

（原载《人民日报》2022 年 6 月 17 日）

学人小传

王军成：1952 年生，山东招远人，中国工程院院士，国家海洋监测设备工程技术研究中心主任、齐鲁工业大学（山东省科学院）名誉校长兼学术委员会主任。40 余年来，他一直致力于海洋环境监测技术研究与仪器装备研制，突破海洋监测浮标系列关键技术，构建发展海洋资料浮标设计理论与技术体系，支持建设国家海洋环境浮标监测网，为我国海洋监测事业做出了突出贡献。

国家为大　公事在先

在王军成小时候，村子东边有个大水库。下暴雨时，村子里民兵连都会去水库大坝抗洪。王军成的母亲听到集合锣声，就会带着他扛着铁锨去抗洪……"邻居不解，问我母亲，为啥娃这么小，还让他参加危险的抗洪？母亲答，'国家为大，公事在先'。"王军成说。

王军成立志把论文写在祖国大海上，义无反顾地投身于海洋浮标研究，愈挫愈勇、执着向前。四十余载如一日，胸怀理想，报效祖国，信念坚定，所以无畏、无怨、无悔。

母亲的这句话，永远记在王军成心头。

李　蕊

孙万仓：
让辽阔大地盛开更多油菜花

　　走进孙万仓的办公室，只见满地堆着油菜株，花盆里开的是油菜花，墙根儿摞着的样本盒里装的是油菜籽。"怎么样？我这块油菜地，还不错吧？"孙万仓笑着对记者说。

　　已过花甲之年的孙万仓，从事油菜研究40年，成功培育出能抵抗零下30摄氏度严寒的冬油菜品种，解决了我国北方冬油菜越冬问题，使我国冬油菜种植区向北跨越13个纬度。

"农业科研周期长，培育一个新品种并非朝夕能成"

办公电脑和厚厚的资料旁，放着一个老旧的罐头瓶，"这是我的水杯。"孙万仓说，忘了是哪一年，在地头观测油菜时，吃完罐头没舍得扔。

孙万仓生于自然条件艰苦的甘肃会宁县，小时候家里穷，顿顿杂粮饭，不见丁点油花。"一年到头只有几斤清油。"孙万仓说，当时的愿望是吃油不愁，没想到，这竟真成了他一生的目标和事业……

1977年，恢复高考第一年，孙万仓考取甘肃农业大学，就读农学专业。毕业后，他就一头扎进油菜研究中……

"白菜型油菜是起源于我国的最古老的农作物之一，有6000多年的栽培史。"孙万仓说，由于改良工作滞后，农艺性状与抗病性等不能适应生产需要。

20世纪八九十年代，甘肃种植的油菜品种多是老品种，虽然早熟、抗旱，但产量低、品质差、含油率低。"亩产最高也突破不了300斤，几乎没有含油率高于40%的品种。"孙万仓带领团队瞄准"提质增效"，引进国外优质油菜种质展开研究。

"农业科研周期长，培育一个新品种并非朝夕能成。"孙万仓说，每到花期，他就要清晨6点半起床，简单洗漱后直奔试验地，选亲本、取花粉，安排好工作后回家安顿女儿穿衣、吃饭、上学，然后赶到试验地继续工作；中午下班后，赶忙回家给女儿做午饭，女儿上学后他再返回试验地，晚上接着查找资料……

日复日、年又年，孙万仓团队通过杂交等途径，育成我国北方首个低芥酸、高油分甘蓝型春油菜新品种——"陇油1号"。

"这个品种芥酸仅为0.4%，含油率却高达46.5%。"孙万仓说，不仅营养价值优于当时的主栽品种，而且出油率也高出好几个百分点。此后，孙万仓又主持育成双低甘蓝型春油菜品种"陇油2号"等多个优质品种，含油量、产量、油的品质等不断突破，"油菜成为甘肃省第一大油料作物。"孙万仓说。

"让北方旱寒区不能种植冬油菜成了历史"

在我国，油菜种植大致以北纬35度为界，分为春油菜和冬油菜两大区域。以往界线以北，天气寒冷，油菜过不了冬，几乎全都种植春油菜。

1996年4月，孙万仓赴河西走廊调查研究，看着祁连山下绿油油的冬小麦，他萌生了研究冬油菜的想法，"小麦能在此越冬，油菜为什么就不行？"孙万仓想：倘若解决了油菜的抗寒问题，将冬季闲置的土地资源利用起来，就能增加油料作物产量。

可是，如何让冬油菜跨越北纬35度线呢？

"无经验、无资料、无种质。"孙万仓回忆：那时候，北方冬油菜抗寒研究几乎无人涉足，抗寒性状的鉴定及遗传机制等研究均为空白……

从零做起！孙万仓把从不同地区征集的种质材料在新疆、东北和甘肃河西走廊等地进行抗寒鉴定分析，将上千个群体、数万个个体进行比较和研究分析。从华北平原、东北黑土地到新疆阿勒泰，都留下了孙万仓调研冬油菜形态、性状的身影……经过 10 多年努力，他终于探明了抗寒的主要植物学性状，并建立了相应的抗寒性评价方法分级指标。

"基础理论搞清楚后，就要解决更关键的问题——抗寒种质的培育。"孙万仓介绍，他利用了轮回选择、远缘杂交、感温性选择等多种方法进行抗寒种质的创制、筛选，提出"高温鉴定低温选择"的抗寒种质创制思路与方法，一遍遍、一代代"淘金"，育成了一大批强冬性抗寒种质，"截至目前，我们已经拥有抗寒种质 2 万份，是国内最大的强冬性抗寒冬油菜种质库之一"。

抗寒种质问题解决后，育种效率也显著提高。2007 年，孙万仓育成"陇油 6 号"，在零下 30 摄氏度的极端低温下，越冬率也稳定在 85% 以上，成为当时我国唯一能在甘肃河西走廊、新疆等地越冬的冬油菜品种。这一成果，成功地让我国冬油菜种植范围向北跨越 13 个纬度，从北纬 35 度左右地区延伸至北纬 48 度的新疆阿勒泰等地，"我可以很自信地说，让北方旱寒区不能种植冬油菜成了历史。"孙万仓说，这些品种亩产 400 多斤，较当地胡麻、白菜型春油菜等传统油料作物增产 30% 以上。

"种子是农业的'芯片'。落实'藏粮于技',关键在于加强农业科技创新"

孙万仓办公室窗台上摆着一排花盆,种的是不同品种的油菜,有的花期正盛,有的角果已长成……

不外出、没课时,孙万仓会一边观测这些油菜的株高、根长、角果等特征,一边认真做记录,还会随手摘下成熟的角果,品尝油菜籽,"品质是评价品种的重要指标。"孙万仓说,以前由于缺乏速测仪器,感官品尝是我们常用的品质鉴定手段之一。"比如这个材料,属于味道发苦的品系,榨油后的油渣就不宜用作饲料。"孙万仓说,如今,实验室仪器齐备,土办法不再用,但他还是会习惯性地尝品质。

"种子是农业的'芯片'。落实'藏粮于技',关键在于加强农业科技创新,让农业成为有奔头的产业。"孙万仓说。

今年初,会宁县、通渭县等地降温早,冻害较往年早半个月。当地海拔2000米的山区,正推广试种孙万仓的一批新油菜品种;顾不得许多,孙万仓以最快的速度赶往200多公里外的油菜地,"雪有5厘米厚,但油菜没有丝毫受冻迹象。"孙万仓悬着的心落了下来……

"如今,冬油菜抗寒性改良得到突破,接下来,还要跟进提升品质、革新种植模式,推进粮油协同增产。"孙万仓说,冬油菜推广过程中,面临着传统理念等方面的挑战。比如,在传统的春播油料作物区,有传统的作物结构、食油习惯与种植制度，要打破这个传统、重建种植制度十分不易。"农业科学研究没有捷径，只有不断打破常规，才能不负韶华。"

2022年，中央一号文件提出大力实施大豆和油料产能提升工程。孙万仓说，北方有大面积的冬闲田，可发展冬油菜种植，不但能提高食用油自给率，也能够把北方一年一熟的种植模式，逐渐变为一年两熟或两年三熟，"使北方冬季闲置的耕地为粮油生产发挥更大作用，让老百姓的油瓶子里多装中国油"。

如今，孙万仓已育成并大面积推广应用的冬春油菜品种达20个，抗寒性、适应性和丰产性一代强过一代。

钻研油菜40载，惠及万家粮油仓。"我的幸福感来自每一株长成的冬油菜，我希望让辽阔大地长出更多油菜花。"孙万仓看着窗台上的油菜花说。

（原载《人民日报》2022年6月15日）

学人小传

孙万仓：1957年生，甘肃会宁人，甘肃农业大学教授，博士生导师。甘肃省现代农业产业技术体系特色作物产业体系首席专家，农业农村部油菜生物学与遗传育种三熟制重点实验室学术委员会委员；先后获2020年度甘肃省科技功臣奖、2021年甘肃省"最美科技工作者"等荣誉和奖励；自1982年参加工作以来，育成并大面积推广应用陇油系列冬春油菜品种20个，获国家发明专利15项，制定行业技术标准2项。

朝着目标持之以恒地付出

在孙万仓当初准备投身北方冬油菜研究时，这一领域几乎无人问津。关注的人少，就意味着没有足够资源，诚如他自己所说，"无经验、无资料、无种质"。

"惟其艰难，才更显勇毅；惟其笃行，才弥足珍贵。"于"三无"条件下起步，从零基础开始研究，孙万仓在攻克一个又一个科学难题中埋头苦干，最终培育出在极端低温下也能成功越冬的冬油菜品种，让冬油菜种植区域向北跨越13个纬度，结束了北方旱寒区不能种植冬油菜的历史。

唯有不忘初心，才会朝着目标持之以恒地付出。农业科研与农业生产紧密相连，条件很艰苦、科研周期长，培育一个新品种，往往需要科研人员数十年如一日地辛劳付出。这背后的寂寞与艰辛，没有热爱，怕是真难坚持。"我的幸福感来自每一株长成的冬油菜。"钻研四十载，育成20个新品种，孙万仓做了一件自己热爱并想做的事："把论文写在油菜地上。"

王锦涛

张治军：
纳米量级上探索微观世界奥秘

　　办公桌上几个培养皿里，装着白色的纳米二氧化硅粉体。记者拿起培养皿，轻轻摇动，只见细小的粉体转瞬化作流体，在培养皿内壁上流动。"你看，纳米材料很有趣，球形二氧化硅经过改性，就像流体一样丝滑，具有特殊的物理化学性能。"张治军说。

　　张治军解释，纳米材料是指在三维空间中至少有一维处于纳米尺寸（1~100纳米）或以它们作为基本单元构成的材料。当材料尺寸小到纳米量级时，其物理化学性能会发生重大改变，从而具有广泛的用途。多年来，张治军致力于推动纳米材料研究的"实验室技术工程化、工程化技术产业化"，促进我国纳米产业发展。

率先研究纳米润滑材料，
找到可实现大规模生产的方法

1982 年，张治军从河南大学化学系毕业后留校任教。当时，在国际上还没有纳米材料这一概念。

1988 年，张治军在参加全国光电化学会议时，听了一个关于纳米材料小尺寸效应的报告。"材料在纳米尺寸时会表现出许多奇异特性，一下子就激发了我的好奇心。"张治军回忆说。

1992 年夏天，张治军在中国科学院兰州化学物理研究所结识了研究润滑材料的张军教授。听说张治军在研究纳米材料，张军也十分感兴趣："能否把纳米材料添加到润滑油中？"后来，在张军的引荐下，张治军考取了兰州化学物理研究所的博士研究生，研究方向正是纳米润滑材料。

"这对我来说是一个很大的挑战。"张治军介绍，因为具有润滑性能的纳米金属或金属化合物材料放入润滑油中，极易团聚成大颗粒并沉淀下来，难以作为润滑油添加剂使用。张治军尝试用化学方法合成纳米颗粒，在颗粒由小到大的生长过程中，用油溶性化合物包覆在纳米颗粒表面，从而让这些颗粒在润滑油中稳定分散。纳米颗粒大大提高了润滑油的抗磨性能，并具有磨损自我修复功能。

实验取得了成效，但在大规模生产中，却遇到了瓶颈：

无机固体颗粒在水相中与有机化合物很难均匀有效碰撞，无法实现均匀的反应。没有生产装置来解决这个问题，怎么办？

"干脆我们自己研发反应器。"张治军决定从制作固—液反应器入手，解决这一难题。经过上万次的现场实验，张治军带领团队发明的管线式微梯度乳化反应关键设备，终于实现了纳米杂化材料生产过程的微梯度传质传热，纳米润滑材料得以稳定大规模生产。多年前在心中深埋的种子，终于开花结果。

2020年1月，张治军主持的"高性能节能抗磨纳米润滑油脂关键技术与产业化"项目摘得2019年度国家技术发明奖二等奖。"这项技术解决了行业发展中的一个共性问题，并且具有完全自主知识产权。"张治军高兴地说。

从零开始搭建实验平台，
逐步形成纳米科研成果转化体系

如今的河南大学纳米材料工程研究中心中试基地实验设施完备，设置了三级实验平台。初级放大实验平台，利用最小的工业化设备，考察纳米材料是否能实现实验室的工艺过程；中等放大实验平台，用于掌握纳米材料生产的放大效应，以便为企业提供批量化产品；工程验证实验平台，可有效规避企业大规模生产中的技术风险，为创新技术的推广保驾护航。

"当年刚来的时候这里只是一片玉米地。"张治军对基地的一草一木、一砖一瓦都充满了感情。

1998年,张治军在老师党鸿辛院士的指导下,决定尝试推动纳米材料的产业化发展。随后,河南大学选择在河南省济源市建设纳米材料工程研究中心中试基地,作为产业转化的平台。时任纳米材料工程研究中心主任的张治军,选拔了一批具有企业工作经历的教师和研究生,组成建设团队,赴济源开始基地建设。

"一切从零开始,从自己动手搭建实验平台开始!"没有办公场所,张治军就带着团队在附近租用一个废弃的校园。"搭建初级放大实验平台时,我们自己搅拌水泥,打预制板,砌平台,在教室里搭建出一套虽简易但单元齐全的50升放大实验装置;一边做实验,一边监理基地厂房的建设。"

2005年,张治军又带领团队建设了拥有2000升反应设备的中等放大实验平台。前几年,平台需要小批量的生产能力,张治军决定建设工程验证实验平台。为了解决资金难题,他把团队获得的数百万元技术成果转让奖金,全部投入其中。

凭着对事业的执着,20多年来,张治军带领团队逐步建成国内先进的纳米材料集成创新实验平台,形成了"从基础研究到技术开发再到产业化"的科技成果转化体系。目前,中试基地拥有的80多项授权专利,已有35项实现了成果转化。2019年,河南大学与济源产城融合示范区联合共建的"济源纳米材料产业园"在太行山下拔地而起。

传递科研精神，
引导更多年轻人投身纳米材料研究

如今，年逾花甲的张治军几乎每天都会到实验室或中试基地车间。如果是出差回来，无论多晚，他也尽量到中试基地看一看。"多少年都是这么过来的，不来就会觉得少了点什么似的。"他说。项目每遇到难题或进行到关键处，他总是带领大家一起攻坚克难。团队成员经常会收到他的短信，短信里往往都是他彻夜思考后的新想法。前一阵子，张治军忙着设计湿法混炼天然橡胶的关键设备，一连两个月都待在设备加工车间里，不断地调试和修改。

采访当天，初级放大实验平台设备运行不畅，张治军马上到车间去调试。他说，反应器的微小结构变化就会导致材料性能发生很大偏差。最终，张治军一连调试了30多遍才确定了最佳参数。天气炎热，走下实验平台，他已汗如雨下。

记者问张治军累不累，他说："年轻时觉得做实验是为了完成任务，后来做实验就成了习惯，习惯慢慢变成热爱，就不觉得累了。"

虽然常年在中试基地工作，张治军每年仍坚持回河南大学校本部为本科生讲课。"主要是给他们讲一讲纳米材料的发展前沿和应用前景，传递一些科学研究的精神和理念。希望这些投身纳米材料研究的年轻人能坐得住冷板凳，终身与科研事业为伴。"张治军说。

"探索微观世界里的奥秘，是乐趣，也是一项崇高的使命，"张治军说，"让纳米材料创造更多社会价值，我会继续努力下去。"

（原载《人民日报》2022年9月14日）

●⋯⋯⋯ 学 人 小 传 ⋯⋯⋯●

张治军：1958年生，河南济源人，河南大学教授、博士生导师，河南省"中原学者"，现任河南大学纳米材料工程研究中心总工程师。主要从事纳米材料的制备化学研究及工业化技术开发，负责建设了河南大学纳米材料工程研究中心中试基地，先后主持开发了高性能纳米润滑油材料、特种功能纳米二氧化硅、高效抗菌金属纳米材料等系列纳米材料并实现工业化生产。2019年获国家技术发明奖二等奖。先后被授予全国优秀科技工作者和全国模范教师称号。

瞄准目标　笃定前行

在河南大学纳米材料工程研究中心中试基地实验楼大厅，深蓝色展板上写着："板凳甘坐十年冷，不做文章半句空。"这句话也是张治军教学和科研生涯的写照。

科学研究并非一蹴而就，要耐得住寂寞。从一片玉米地到如今实验设备完善的中试基地；从零开始研究纳米材料到实验成果实现转化……20多年来，张治军在自己选择的道路上不断前行，不断进取，不知疲倦。

在张治军的办公室，一直挂着老师党鸿辛院士的照片，"他们那一代人对科研的执着精神，一直激励着我"。带着老师的叮嘱，张治军笃定前行。

王　者

胡瑞忠：
"大自然就是开展研究的大舞台"

　　走进位于贵州贵阳市观山湖区的中国科学院地球化学研究所，在矿物岩石陈列馆里，可见上千种形态各异的石头静静躺在橱窗内。它们有的历尽沧桑，曾深藏地底；有的曾裸露于地表，承受过亿万年风吹日晒；还有的曾划破长空，以"天外来客"的身份来到地球……

　　每一块色彩斑斓的矿物岩石，都有一段属于自己的成长历程，也蕴含着独特的研究价值。作为矿床学家，胡瑞忠的工作就是对各种矿石开展分析研究，确定它们的物质组成、成矿条件与找矿标志，为矿产资源精准勘查和高效利用提供科学方法。

刻苦学习，
从一名初中代课教师成长为地质科研工作者

来到实验室，穿上白大褂，胡瑞忠小心翼翼地将矿石样品放入精密仪器中。很快，电脑屏幕上显示出不同形状的曲线和图像，他一边紧盯曲线和图像的变化，一边耐心地讲解着其中的规律。学生们认真听讲，笔记本上写满了密密麻麻的知识点……

这样的教学场景放在 40 多年前，胡瑞忠想都不敢想。"那会儿我还是一名代课老师，教初中数学，上大学对我来说像是一个遥不可及的梦……" 1977 年恢复高考，为这位 19 岁的农村青年打开了改变命运的大门。

经过两个月的紧张复习，胡瑞忠顺利考入成都地质学院（现成都理工大学）。胡瑞忠格外珍惜这个来之不易的学习机会，把满腔热情投入学习中。通过不懈努力，他在成都地质学院从本科生一路读到博士生，在地质学家金景福等老师的指导下，一步步走进梦想中的学术殿堂。"老师们的高尚品行、丰富学识，深深地影响了我。"胡瑞忠说。

当年跟着导师进矿山实习的情景，胡瑞忠仍历历在目。由于交通不便，胡瑞忠要先坐两天火车再转汽车，前后颠簸三四天，才能到达位于广东韶关的矿山。到了以后，导师带着大家实地观察、讲解原理、实践操作，一起对矿床成矿理论、成矿规律等进行研究，一待就是几十天。"正是老一辈科学家的教导带动，激发了我投身地质事业的热情。"
胡瑞忠说。

瞄准前沿，
探究陆内成矿规律并拓展找矿应用体系

博士毕业后，胡瑞忠留校任教。一年后，他赴中国科学院地球化学研究所博士后流动站从事研究。一次，胡瑞忠在报纸上了解到，虽然我国很多矿产资源十分紧缺，但找矿潜力仍很大，"关键是缺少找矿技术"！这篇文章深深触动了胡瑞忠，此后，他主动承担矿产资源相关研究项目，瞄准学科前沿，全力开展矿床成矿模式和成因分类研究，并创造性地提出"地幔排气铀成矿模式"和以矿化剂为主线的分类方案。这一理论成果，对相关矿产勘查有着重要意义。

随着一系列研究成果的发表，胡瑞忠开始在学术界崭露头角，收到了很多单位的邀请。"我看中的是研究环境，而不是生活条件。大自然就是开展研究的大舞台，与矿山离得越近，越能做出有价值的科研成果。中科院地球化学研究所的研究平台就很好，是从事成矿规律和找矿预测研究的好地方。"1991年，博士后出站的胡瑞忠，放弃了去沿海城市发展的机会，选择留在贵州工作。

胡瑞忠立足西南，面向全国，以铁、铜、金、锑、铅、锌、钨、锡和分散元素等重要矿种为研究对象，对大规模成矿作用与大型矿集区预测、大面积低温成矿作用等前沿领域进行了深入研究。从 1999 年开始，胡瑞忠带领团队围绕探究华南陆块陆内成矿作用研发了一系列新技术新方法。

"除了野外考察，大多数工作都是在实验室完成的。"为了尽快攻克科研难题，胡瑞忠几乎每天都在实验室度过，不是做数据分析研究，就是开展基于计算和实验的模拟研究，几乎每天都是办公室、实验室和家"三点一线"。

"以往的成矿理论主要注重板块边缘，其实大陆板块内部也能成矿，但大陆板块内部的矿是如何形成的，这需要进一步深入研究。"胡瑞忠发现，大陆板块内部极具成矿潜力。通过 10 多年艰辛探索，他的团队终于揭开了华南陆块3 个成矿系统的成矿年代格架及其与主要地质事件的关系和成矿过程，并建立了以"多块体作用驱动、陆壳供给矿源、高低温矿并重、成矿面状展布"为重点的大陆板块内部成矿新理论。胡瑞忠领衔的"华南陆块中生代陆内成矿作用"成果，拓展了矿床学的理论和找矿应用体系，获得 2020 年度国家自然科学奖二等奖。

"这些成果既是站在前辈们肩膀上取得的，也是团队共同努力的结果，我所做的只是其中一小部分。"胡瑞忠谦虚地说。

言传身教，
带领学生开展野外调查、传承好学风

满头乌发，声音洪亮，尽管年逾花甲，胡瑞忠仍精神饱满，尤其谈到专业领域时，思维敏捷，充满热情。在他看来，在繁重的科研压力下，自己还能保持一个好的状态，得益于长期野外调查，艰苦的环境既强健体魄又磨炼意志。

"旁边就是悬崖峭壁，肯定会怕。"进入中科院地球化学研究所博士后流动站不久，胡瑞忠就前往青藏高原开展科学考察。有一次，胡瑞忠背着采集到的20多公斤样品，边走边想问题，脚下一滑，打了个趔趄。旁边就是峡谷，山路又窄又滑，路边长着一些稀疏的杂草和小灌木。幸好他手疾眼快，一把抓住身边的灌木枝，才没滑下去。

经历了高山峡谷、高原缺氧以及强紫外线等考验，胡瑞忠终于在青藏高原找到了合适的矿石样品。此次科考的研究论文很快在权威杂志上发表，胡瑞忠还带着这项科研成果受邀参加了国际学术交流。

胡瑞忠特别重视野外调查，有时甚至一年里有超过3个月的时间外出调查采样。"野外调查是地质研究的基础，做学问没捷径可走，唯有脚踏实地。"胡瑞忠说。在他的言传身教下，他的学生们也喜欢到野外开展调查采样，其中不少人已成为这一领域的中坚力量，有6人还获得了国家杰出青年科学基金与优秀青年科学基金项目资助。

除了野外科考、在实验室里钻研，胡瑞忠深知，要提升科研水平，学术交流必不可少。"实践与理论，不可偏废。"从1999年开始，胡瑞忠领衔创建了两年一届的"全国成矿理论与找矿方法"系列学术研讨会。如今，这个学术会议已成为我国矿床学界的一个重要学术交流平台。他还先后

10 余次担任矿床学界国际学术会议组委会主席、副主席和专题召集人，为推动国际矿床学进步做出了重要贡献。

“我国经济社会高速发展，43 种主要矿产中我国目前有 30 多种的消费量居全球第一，有很多矿产的对外依存度比较高，我们还任重道远。”胡瑞忠说。

青年时的胡瑞忠有不少业余爱好，自学过书法和绘画，也拉得一手好二胡，因为工作繁忙，这些爱好都渐渐生疏了。他说，等闲暇时再把这些爱好拾起来，但现在还不是时候。

（原载《人民日报》2023 年 2 月 17 日）

学人小传

胡瑞忠：1958 年生，湖南道县人。中国科学院院士，中国科学院地球化学研究所研究员、博士生导师，矿床地球化学国家重点实验室主任。长期从事矿产资源成矿规律与找矿预测研究，在现代矿床学研究方法、陆内成矿理论及找矿预测研究等领域取得创新成果，曾获 2 项国家自然科学奖二等奖、5 项省部级科技成果一等奖等奖项，以及全国优秀科技工作者等荣誉。

脚踏实地　科研攻关

采访胡瑞忠的过程比较曲折，断断续续地持续了半年，甚至有一次已经见了面，又因他临时有事不得不改期。胡瑞忠的确太忙了，日历本上写满了待办事项，都是与科研相关的工作。

自求学以来，胡瑞忠扎根西部大地40多年，在矿床学理论和找矿预测方法等领域取得了丰硕成果。特别是在贵州工作的数十年，他的足迹踏遍那里的山山水水，为矿产资源开发利用倾尽全力，真正把论文写在了祖国大地上。

胡瑞忠从不满足于已有成绩，总是说地质科研工作者还须负重前行。胡瑞忠时刻不忘金景福、涂光炽、欧阳自远等老一辈科学家的教诲，也正是因为这些老师的教导，他才拥有了"功成不必在我、功成必定有我"的胸怀和境界。良好的学风和扎实的功底，在胡瑞忠和他的学生们身上传承，他们立志并正在为我国实现高水平科技自立自强贡献着自己的力量。

程　焕

张杰：
科研最重要的就是兴趣和信心

　　育才、科研、管理，一直以来，中国科学院院士、中科院物理研究所研究员张杰的人生轨迹在这 3 种频道间不断切换，且都做得有声有色……

"人生的第一个物理实验，
虽然失败了，但我学到很多"

年少时，张杰一家生活在内蒙古乌兰察布市集宁区。从小，他就对科学萌生了兴趣。有段时间，父亲没有工作，全家只靠母亲一人的收入维持生活。"为了帮妈妈减轻负担，爸爸提议让我和他一起来对'懒鸡'的品种进行改良。"张杰说。

"懒鸡"个头大，饭量大，下的蛋也大。之所以被称为"懒鸡"，是因为它下蛋不积极。怎么才能让"懒鸡"变勤快？为此，父子俩钻研起来……

父子俩先试着将孵蛋箱放在热炕上加热，结果不理想；于是，又一起翻书查阅资料，然后悄悄用报纸把母亲装缝纫机的包装纸箱改造成了简易的保温箱，利用双金属片受热后弯曲程度不同的特点，制成了孵蛋用的"控温器"。

有了保温箱和控温器，张杰和父亲原本以为，成功孵出小鸡应该没啥问题了，没想到还是失败了，原因是控温器的温度响应曲线标定不够准确。

张杰说："人生的第一个物理实验，虽然失败了，但我学到很多。"

孵小鸡失败后，父亲又带着张杰做过不少小实验，培养了张杰探究未知的浓厚兴趣。比如，生活中常见的煮饺子，就引起了张杰极大的兴趣。

"妈妈告诉我，煮饺子时，锅里的水一旦开始沸腾，就要加一点凉水，这样饺子才不会破。"张杰说，为了解开谜题，他不断观察、实验、思考，最后终于明白，原来这其中蕴含着气压、沸点、动能与势能等物理奥秘。

童年时期的这些经历，在张杰心底埋下了一颗热爱科学的种子，伴随着时间慢慢生根、发芽、茁壮成长……

"完成'不可能完成的目标'，正是我们团队所追求的"

1985 年，张杰进入中国科学院物理研究所，在王天眷和张道中老师的指导下，攻读博士学位，并选定"更短波长激光的产生"作为博士论文的主要研究内容。

激光是 20 世纪以来人类的一个重大发明。很长一段时期，大多数激光的波长都处于可见波段。张杰说："如果能够在更短波长上实现受激辐射，使其成为 X 射线激光，就会给人类带来更大的贡献。"

张杰立志为实现这个目标不断努力。在 1988 年获得博士学位后，张杰远赴海外继续深造。最终，他与同事们通过长达 8 年的研究，先后多次打破世界纪录，将饱和 X 射线输出的最短波长从 22 纳米推进到 5.8 纳米。

1999 年，张杰回到了中科院物理研究所做研究。为了节省费用，张杰常常从所里的库房淘一些还可以使用的旧设备和旧零件。虽然条件有限，但张杰和同事魏志义仅用了 9 个月时间，就建造出我国第一台太瓦级飞秒激光装置"极光一号"以及一批物理实验诊断设备。

在自主研制科研装置和设备的同时，张杰还带领团队在高能量密度物理和激光聚变物理领域不断探索，张杰说："20 多年前我就设想了'双锥对撞点火'这一新型激光聚变方案的雏形。从理论上说，这个方案有不少优越性，但要在大型激光装置上实验验证这个方案的可行性，却非常不容易。"

直到 2018 年，在大型激光装置上的验证实验才具有了初步条件。从 2018 年至今，张杰带领团队已做 7 轮实验，张杰说："这期间，我们通过调控激光与物质相互作用，发展了精确可控的强流超短脉冲高能电子束，并将其应用于一系列重要的前沿科学探索中。例如，研制了超短脉冲高能电子衍射与成像装置，实现了亚毫埃级的结构变化解析能力，并将超快电子衍射的时间分辨率提高到优于 50 飞秒，刷新了世界纪录。"

目前，张杰联合研究团队正在为第八轮实验做准备，并计划到 2026 年完成一共 18 轮大型实验。

张杰坦言，达到最终的目标有极大的难度，"但完成'不可能完成的目标'，正是我们团队所追求的；我们联合研究团队的科研精神就是'明知不可为而为之'"。

"无论做科研还是做行政管理，我都会投入百分之百的精力与情感"

2006 年，48 岁的张杰就任上海交通大学校长。在任职交大校长的 10 年间，他与同事们一起在上海交通大学实施了一系列改革措施，推动了学校的快速发展。

张杰还抽出大量时间进行授课与开展教学方法改革。张杰倡导，大学教学的主要目的是培养学生的思维方式。上课时他总是融合不同学科最前沿的知识，引导学生们"跨界"思考。比如，能否用植物光合作用来解释早期人类的聚集地问题，能否用热力学第二定律阐释人类文明发展与能量和技术进步之间的关系，等等。这样新颖独特的授课方式，让同学们很受触动。

很多学生活动中，都能看到张杰的身影。有一次，学生拍摄微电影，他非常高兴地客串了一把；学校建立赛艇水道时，他也兴致勃勃地给赛艇队做舵手。有时，他还会忽然出现在正在合影的学生背后，偷偷比手势，高兴得像个孩子……

2018 年，张杰卸任行政管理工作。科学家、老师、行政领导，这一路走来，问及张杰更享受哪个角色？

他说："无论做科研还是做行政管理，我都会投入百分之百的精力与情感。"

在张杰看来，科研最重要的就是兴趣和信心。"任何难题的突破都需要非常漫长的时间去探索，在到达终点之前，科学家必须有'明知不可为而为之'的信心和毅力，才有可能在解决人类社会所面临的挑战和探索自然世界奥秘的道路上有所贡献。"

（原载《人民日报》2月14日）

张杰：1958年生，中国科学院院士，在激光聚变物理与高能量密度物理前沿研究中做出重要学术成就。2006年，48岁的张杰就任上海交通大学校长。在任职上海交大校长的10年间，他与同事们一起实施了一系列改革措施。他与科研团队研制了超短脉冲高能电子衍射与成像装置，实现了亚毫埃级的结构变化解析能力，并将超快电子衍射的时间分辨率提高到优于50飞秒，刷新了世界纪录。2021年，张杰获得未来科学大奖"物质科学奖"。

科学研究，少不了那份好奇心

儿时萌生科学兴趣，探索科学奥秘，乐此不疲；专注研究激光聚变，带领团队不断攻克难关，挑战人类认知极限；重视课堂教学，融合最前沿学科知识，点燃学生对科研的热情……在科研的道路上，张杰院士前行的动力，源自对科学的热爱和对未知的好奇，一步一个脚印，诠释了逐梦科学的真谛。

在张杰看来，科学研究最重要的就是兴趣和信心。永葆好奇心，是科学家面对任何难题都永不言弃的动力，也是科学家不断攀登科学高峰的底气。正是一代代科学家，带着对科学的热爱、带着对未知世界的好奇，不断揭开一个个科学谜团，又不断向着科学的更高更深处迈进，才有可能解决人类社会所面临的挑战和探索自然世界的奥秘。

吴月辉

潘复生：
让"镁"走进千家万户

　　记者来到潘复生办公室时，他刚刚结束一场和国外同行的视频会议。潘复生团队在镁合金领域取得了丰硕成果，国内外许多机构纷纷寻求和他合作的机会。

　　20多年前，作为一种轻金属，镁的巨大潜力还不为大多数人所知；如今，我国的镁合金技术和镁合金产业正在迅速发展，潘复生正是这条道路上的领跑者之一。

勤奋刻苦：从中学临时代课教师到工程院院士

1962 年 7 月，潘复生出生于浙江兰溪的花塘村。"小时候，上学需要走一段很长的小路，路面高低不平，路边还有很多水塘。每到冬天下雪结冰，掉进水塘里是常有的事。"到校时，潘复生经常一身污泥。但不管刮风下雨，他总是坚持每天早上 6 点半前到校。

童年时的求学路，让潘复生体悟到了两个道理，并且贯穿他的科研生涯："一是要学会合作。路太滑，我和小伙伴们就得手拉手走路，大家互相扶持，才能避免摔到水塘里。二是要学会坚持，虽然道路崎岖坎坷，但是只有坚持走下去，才能达成目标。"

1978 年，潘复生考入合肥工业大学粉末冶金专业。但在进大学前，不到 15 岁的他已经在当地中学担任临时代课老师，负责教高中物理和化学。

和学生同龄，甚至比学生年龄还小，一开始，潘复生站在讲台上有些担心。再加上参考资料很少，教学条件有限，怎么教呢？

"我之前学的物理化学，侧重于应用知识，基础理论知识掌握较少。"于是，潘复生拜访了不少有经验的老师，还找齐了各个版本的课本，吃透每本书的内容。有时遇到不懂的题目，他就走好几里山路，求教刚毕业的大学生。早上出发，弄明白问题后，时间差不多就到晚上了。这时，只有挂在山顶树梢上的月亮与他为伴，为他照亮回家的路。

因为要代课，潘复生自己高考前只有一周时间复习。最后，他和他的学生一起走进考场……庆幸的是，潘复生不仅完成了教学任务，还顺利考上了大学。

19岁大学毕业、30岁晋升教授、55岁当选中国工程院院士……潘复生的职业生涯看似一帆风顺，但他深刻体会到了勤奋的重要性。"去年3月，我写了一个项目申请书，把初稿交给潘老师后，第二天早上打开电脑，就发现已经收到了潘老师的回复。"团队成员姚文辉说，"当时，潘老师正在外地出差，回复时间是凌晨两点钟。"

攻克难题：研发技术提升镁合金产品质量

在国家镁合金材料工程技术研究中心展览室中，一款款超大型镁合金板材和型材让潘复生颇为自豪："像这一款大型材，一开始，很多业内人士都不相信，镁合金型材也能做得这么大这么薄。"

潘复生总是不厌其烦地强调创新思维在科研中的作用。常规的镁合金比较软，经过适当的合金化后，固溶元素会使镁合金的强度、硬度有所提高，但也会导致塑性降低、变脆，不利于规模化应用。

潘复生反复思考，金属元素在固溶强化的同时一般会导致塑性降低，但对于镁合金来说，这是不是必然的？

经过不懈努力，潘复生团队发现了特种固溶原子影响基面和非基面滑移的独特作用，结合对长程有序相、纯净度和晶粒度等参数的控制，实现了"固溶强化增塑"的目标。他们成功研发了一批高塑性高性能新型镁合金，为镁合金的规模化应用提供了一种可行性方案。

"镁合金加工也有很多难点。"团队成员宋江凤介绍，其他金属合金在加工方面基本采取对称加工的方法。宋江凤形象地解释说："对称加工可以理解成拿两根擀面杖将金属材料碾平。"但镁合金的晶体结构为密排六方结构，越追求对称加工，反而性能越差。

金属材料的性质没法改变，能不能改变"擀面杖"？顺着这个思路，潘复生团队研发了非对称加工技术，通过改变挤压模具结构等方式，使镁合金产品质量更好。

"大量采用镁合金后，汽车在颠簸路段可以减轻晃动幅度，计算机也会变得更轻薄。"团队成员王敬丰说，镁合金产品散热性能好，能屏蔽电磁辐射，而且减震性能比钢产品高几倍、比铝合金产品高几十倍。"镁在金属结构材料中是比较轻便的一种，在航空领域也有很大的应用空间。"王敬丰说。

引领团队：调动所有人的积极性

"'形状记忆合金'，是能记忆自己形状的神奇金属""'嫦娥钢'，是强与韧可以兼得的合金"……重庆大学虎溪校区图书馆报告厅，潘复生站在屏幕前，一一展示微观世界下的材料图片，带领学生走进材料科学的殿堂。

"科研是非常有魅力的，要让学生在科研中找到乐趣。"为此，潘复生坚持多年为本科生开讲材料科学第一课，鼓励年轻人提升创新能力，投身科研事业。

"潘院士对科研很投入，有一次，为了做热处理实验，他在实验室待了整整228个小时，后来是因为停电才不得不停下工作。"宋江凤说，"每当学生们在科研上出现困惑，我都会向他们讲潘老师的故事。潘老师就是我们身边的榜样，我们都从他身上感受到正能量。"

"搞科研需要团队精神，调动所有人的积极性，这样更容易形成合力。"潘复生说，从产业升级的角度来说，镁作为最有潜力的轻量化材料之一，对提升我国制造业的竞争力有着积极意义。

为了更好地开展镁材料的研究，潘复生从国内外引入了不少人才，并且致力于建立实力一流的镁合金研究机构。潘复生已培养20多名博士后、100多名博士硕士研究生；在学术界，潘复生担任了镁合金国际刊物的主编；在产业界，他担任了国际标准化组织（ISO）镁及镁合金技术委员会主席……这一切努力，都是为了让镁材料走进千家万户，造福国计民生。

20多年来，潘复生和他的团队完成了一批重要的国家级项目和国际合作项目，在高塑性镁合金、镁电池、镁固态储氢材料、轻合金先进成形加工技术和深度纯净化等领域取得一系列创新成果。潘复生不想止步于此，他说："创新需要横向对比，放眼世界，我们还要继续努力。"

（原载《人民日报》2023 年 1 月 3 日）

学人小传

潘复生：1962 年生，浙江兰溪人，中国工程院院士，重庆大学材料科学系教授，国际标准化组织（ISO）镁及镁合金技术委员会主席、中国材料研究学会副理事长。他长期从事高塑性镁合金、镁电池、镁固态储氢材料、轻合金先进成形加工技术和深度纯净化方面的研究，牵头组建了国家镁合金材料工程技术研究中心，获得国家技术发明奖和科技进步奖 4 项，省部级技术发明奖和科技进步奖 10 余项，发表论文 700 多篇，授权发明专利 150 多项，制定国际标准、国家标准和行业标准 20 余项。

甘坐冷板凳　造福更多人

"学知识阶段应该先沉下心来学习，而不是去质疑。学好之后，再积极地去寻根究底。"每次新生见面会，潘复生总会这样告诫学生。对于知识要充满渴望，对世界要充满好奇，在潘复生身上，记者看到了二者的结合。

作为一名为学严谨的科学家，潘复生明白求知永无止境，为此甘坐冷板凳，让冷门研究造福更多人。在面向国家需要的各个领域，正是因为有一批又一批潘复生这样的科学家，带领团队不断开拓新领域、攀登新高峰，我们才能真正实现高水平科技自立自强。

王欣悦

张伟平：
探求数学之美

"很多人说我不像个研究数学的……"张伟平笑着对记者说。确实，眼前的张伟平，挎一个帆布包，白衬衣、西裤、休闲鞋，笑容可掬、精神勃发，谈吐睿智而又风趣。

"为中国数学鞠躬尽瘁，是陈省身先生1985年在南开数学研究所成立大会上的发言，也是他身体力行的准则。"与张伟平的对话，从他的老师、数学泰斗陈省身开始，"把中国建成数学大国、数学强国，是陈省身先生的夙愿。为了这个目标，一代代数学研究者前赴后继"。

"数学是一门纯粹而美丽的学问，值得毕生求索"

1988 年，24 岁的张伟平考取了南开大学南开数学研究所（后更名为陈省身数学研究所）博士，成为陈省身的关门弟子。1990 年，在陈省身的推荐下，张伟平前往国外留学，并提出了数学界著名的"比斯姆特—张定理"。留学期间，张伟平收到过陈省身的一封信，其中有句话"让中国的数学站起来"，一直铭刻在他的心底……

1993 年，张伟平取得博士学位，选择回到南开大学，从助教做起，"爱国应该是科学家最重要的精神气质之一。"张伟平说。2004 年 11 月，陈省身出席一场数学界的活动，他呼吁科研工作者淡泊名利，为国家无私奉献。老师这段话的录音，张伟平保留至今，以此自勉，沉心静气，遨游于无涯学海……

在陈省身数学研究所教授苏广想看来，"张伟平取得如此多的成就，源于他对数学研究持之以恒、勇于探索。"比如，如何用微分几何的方法来证明一个关于叶状流形上正数量曲率的著名定理，一直是对微分几何学家的一个巨大挑战。从 2000 年开始，张伟平对叶状流形的正数量曲率问题进行系统研究。他在研究过程中尝试了绝热极限等多种方法，不断修改研究思路；经过近 16 年的努力探索，张伟平终于给出了这一定理的微分几何证明，得到国内外同行的高度认可……

"数学是一门纯粹而美丽的学问，值得毕生求索。"张伟平说。

"如果做的是喜欢的事，持续用功就是享受"

与天津中环线一水之隔，南开大学省身楼独立一隅，有扇窗几乎每个深夜都透出灯光……这是张伟平的办公室。长年累月，张伟平夜以继日地泡在办公室，沉浸在数学的世界里；逢年过节，热闹与他无关，他经常为了一个新的想法静静思考很久……

"数学家每天都是星期天"，这是张伟平常说的一句话。他并不是指数学家的工作轻松惬意，而是说与数学打交道的每一天都令人愉悦。张伟平的日历上从来没有工作日与休息日之分，他每天都在精神饱满地工作。

陈省身曾说："假如一个数学家说他有伟大的直觉，千万不要轻信，因为数学成果是一步步算出来的。"张伟平也认为，成果来自长期的用心积累。

2004年，陈省身先生去世，研究所所长的接力棒交到了40岁的张伟平手里，"责任重大，但责无旁贷，唯有更加努力。"伴随着研究所的发展，张伟平两鬓添了不少白发。他高兴地看到研究所不断前行：尤建功教授应邀在第二十八届国际数学家大会上作45分钟报告、唐梓洲教授荣获发展中国家科学院数学奖……

"数学研究论证过程中的艰难、困惑、欣喜……个中滋味，一言难尽。如果做的是喜欢的事，持续用功就是享受，而不是吃苦。"张伟平深知，让中国数学强起来，需要中国数学界的集体努力。他积极参与和组织各种学术活动，支持其他数学家组织学术会议，邀请专家学者访问讲学……他也经常与国际上的数学家开展合作，为中国数学界的发展搭建更多桥梁与纽带。2014年，国际数学杂志《数学学报》刊登了张伟平与法国巴黎第七大学麻小南教授合作的论文。"我们运用解析局部化的思想，解决了法国一位数学家在2006年提出的非紧空间上的几何量子化猜想，对于这一猜想，学界之前研究了8年仍无定论。"张伟平说。

"我会更加努力地进行研究探索，培养更多新时代需要的数学人才"

因材施教、"一人一策"，针对不同学生的特点确定不同的研究课题；为学生作有关数学基础和数学进展的报告，激发学生对数学的兴趣；指导多名研究生和博士后，用扎实的学风、严谨的治学态度等带领学生们不断推进研究……"十年树木，百年树人，我们要为国家培养更多、更优秀的人才。"张伟平一直很看重对人才的选拔和培养。

研究所内常见的景象是学生们三五成群，讨论着数学课题。每条走廊都有一面黑板，便于随时演算，"我从来不强求学生们做什么，只要热爱，他们自然会用功。"张伟平说。

"那是我在南开最快乐的一天。"毕业多年后，在新加坡一所大学工作的学生韩飞仍对导师张伟平的一次表扬念念不忘：攻读硕士学位期间，韩飞向张伟平提出一个想法，学生在黑板上演算，张伟平同时在草稿纸上算，一丝不苟，互相验证。算到柳暗花明处，师生彼此会心一笑……

后来，韩飞提前一年毕业，其硕士论文获得中国数学会颁发的"钟家庆数学奖硕士奖"；韩飞还对一个困扰张伟平十几年的问题给出了新的解法，发表在《微分几何杂志》上。

谈到对年轻人的期望，张伟平说："数学是一门基础学科，要多关注数学的'无用'之用。就学术研究而言，在既有研究成果基础上锦上添花，固然值得肯定，但要真正做出原创性成果，才是最难得的。"

在张伟平看来，国内数学研究的发展势头很好，"这批年轻人潜力无限，代表了中国数学的未来。"张伟平说，"我会更加努力地进行研究探索，培养更多新时代需要的数学人才。"

（原载《人民日报》2022 年 7 月 4 日）

学人小传

张伟平：1964 年生，中国科学院院士。1988 年起攻读南开大学南开数学研究所（后更名为陈省身数学研究所）博士研究生，1993 年获博士学位后在南开大学工作至今，2007 年当选中国科学院院士。张伟平主要从事整体微分几何中的阿蒂亚—辛格指标理论及其应用研究，取得了一系列研究成果，曾获得"中国十大杰出青年"、陈省身数学奖、全国先进工作者、国家自然科学奖二等奖等荣誉。

带动更多人爱上数学

在接受记者采访时，深谙数学简洁之美的张伟平院士，要言不烦、条理清晰。对个人学术研究中取得的重大成就，他低调谦虚、点到为止；对国家数学学科建设，他乐观坚定、思虑周详……在他看来，数学从来与枯燥无关，而是值得一辈子为之付出的快乐之事。面对艰难险阻，他迎难而上、从未止步。

张伟平始终瞄准国际数学研究前沿，不断攀登一座座科研高峰。推动数学学科的发展，既是他的老师陈省身先生的梦想，也是他毕生奋斗的目标。张伟平说，他希望带动更多人爱上数学，期待更多优秀学子投身基础科学研究。

如今，张伟平正在研究数学最前沿的狄拉克算子的理论及应用，在广袤深邃的领域继续探索，书写属于中国数学家的传奇……

武少民

高仕斌：
每一步选择都瞄准现实需要

　　一杯清茶，一台电脑，手头一摞技术资料。在西南交通大学电气工程学院的办公室里，高仕斌目不转睛盯着屏幕上的数据，若有所思……

　　每天早上8点进入办公室，不上课时，高仕斌也会把工作安排得满满当当。"早上主要看看我们新研究项目的进展，随后还要和团队成员碰头商量。"高仕斌说。

　　30多年钻研铁路供电和自动化，当年的山里孩子，如今已近花甲之年。说起一路的成长，高仕斌的思绪又回到了年少时光……

"不少老教授求真务实、勇于创新的精神，
对我影响深远"

高仕斌成长于莽莽大山，直到上了高中，还没出过县城。搭上车，沿着山路走 70 多公里，晃晃悠悠小一天才能到县城。"一来路难走，二来花销大"，一旦到了学校，他便很少回家。修路，是他年少时的一个梦。

父亲是一名乡村农技员，每逢农忙，需要预防病虫害，村民便把父亲请到家里，帮忙配制农药。这又给高仕斌传递了一个信念："知识可以让生活变得更美好。"

1981 年，高仕斌考入西南交通大学。面对当时我国铁路仍以蒸汽机车为主的现实，高仕斌把专业选择放在了铁路电气化上。"直到我研究生毕业的 1988 年，我国电气化铁路仅有 4600 多公里，采用的还是模拟式的保护控制系统。那时铁路速度很慢，故障率也很高。"高仕斌说。

"不少老教授求真务实、勇于创新的精神，对我影响深远。"高仕斌说，刚上大学时，他得知西南交大在 1952 年就开设了我国第一个铁路电气化专业，深深为提出者曹建猷教授所折服。"新中国成立后曹教授毅然回国，不仅为铁路电气化教育做出贡献，还帮助解决了很多铁路建设技术问题。"高仕斌说，"他的爱国情怀始终激励着我。"

"好比给高铁弓网系统建了一座医院，有问题马上就能察觉并维修"

高仕斌 1988 年毕业留校任教，刚准备将所学应用到工作中，便遇到了工作后的第一个坎儿：他因为结核性胸膜炎住院，紧接着病休了大半年，"那段日子，就想着赶紧扛过去，回到工作岗位上……"高仕斌说。病愈后，他开始着手解决第二个难题：学校实验条件简陋，很难满足大家的科研需求。高仕斌和同事们一起搭建模型，经过反复尝试，终于建立了一个半实物、半仿真的实验平台。这个平台可以在铁路设备现场投运前模拟加速、减速等不同运行状况，检验产品的上道质量，帮了科研人员大忙。

20 世纪 90 年代，我国电气化铁路已达 1 万公里。那时，我国铁路牵引供电系统为冲击性负荷，故障率高，还没有备用系统。于是，如何快速找到牵引网故障并组织抢修，缩短铁路牵引网停电时间，成为亟待解决的问题。

高仕斌想出了与以往不一样的办法——基于 AT 牵引网新型故障测距原理的牵引供电自动化系统技术。针对复线铁路，采取上下行电流比原理进行故障测距；针对单线铁路，基于转移阻抗原理进行故障测距；针对 V 形天窗，采取吸馈电流比原理进行故障测距，"这套方法适用性更广、精度更高，投入也少。"高仕斌说，新方法测距精度达到 0.3千米，能够极大地节省故障查找的时间和成本。如今，这套牵引变电所综合自动化系统的市场占有率已达 50%，其中故障测距装置市场份额约 80%。

近年来，高仕斌开始关注保障高铁运营安全这一课题。大半夜，高铁接触网工上线巡检，一走就是好几公里。检测装备差、精度低，很多问题难以辨别，工人深受困扰……其中，受电弓接触网系统的结构性能受损，可能导致停电停车，致使高铁晚点，打乱运输秩序。

"必须实时掌控弓网系统的受流性能与安全状态。"围绕高仕斌设立的这个目标，他和团队成员研发出 6 类检测设备，为高铁弓网"体检"。"这就好比给高铁弓网系统建了一座医院，有问题马上就能察觉并维修。"学生韦晓广打比方说，增强了定期检修，高铁弓网安全运行又多了一重保障。2018 年，这一技术项目获得国家科学技术进步奖二等奖。

"有了团队的力量，便能克服一切挑战"

在韦晓广看来，高老师"既严肃，又温情"。

对于学术研究，韦晓广说："无论是科研论文，还是日常实验，高老师都要求我们精益求精，来不得丝毫马虎。"韦晓广 2015 年成为高仕斌的博士研究生，他说，自己"紧紧张张过了 4 年"。刚一入校，他就接到了高老师布置的一个个任务：阅读学术文献、参加国内外学术交流会议、定期到实验平台测试数据……"高老师常说，工科生既要能动脑，也得善动手。"除了看书，韦晓广一有空就往实验室里钻。

临近毕业，韦晓广以为自己的毕业论文框架清晰，满怀信心地交给老师，没想到，高仕斌看后的论文修改痕迹密密麻麻，连一个词、一个标点符号都不放过。这是高仕斌花了好几天时间仔细审阅学生论文的结果。"老师真的是逐字逐句改过来的。"

在日常生活中，高仕斌对学生充满温情与关怀，不少学生都感叹："高老师人真好！"韦晓广说，读书时有些同学撰写学术论文，苦于找不到高铁故障数据。高仕斌偶然听到消息，很快就帮学生联系了几个铁路部门，还带着同学们到高铁现场收集数据。"做我们这些实验，必须得有数据支撑，否则都是空谈，高老师帮助我们总是这样不遗余力。"韦晓广说。

学院电气馆实验室里，机器运转声、键盘敲击声不绝于耳，这是团队成员正通过计算机进行一个个实验操作。"我们会在实验室里人为制造一些故障，然后通过实验平台来检验。再通过计算机来收集数据和故障情况。"韦晓广说，"等实验全部完成，我们还要带着成品设备到现场再进行测试。"

团队项目多，问题也就多。每逢遇到问题，大伙儿都愿意向高仕斌请教。韦晓广已毕业并成为研究团队的一员，依然没少得到高老师的帮助。"老师会定期开会，询问大家在工作和生活上有什么需要帮助解决的问题。"韦晓广说。

如今，高仕斌所在的智能牵引供电系统团队已有成员

10名。而在他担任主任的国家轨道交通电气化与自动化工程技术研究中心，已会集了70余名研究人员。"有了团队的力量，便能克服一切挑战。"说话间，高仕斌翻开资料，给记者介绍起最新课题……

（原载《人民日报》2023年1月6日）

高仕斌： 1964年生，湖北随州人，西南交通大学电气工程学院教授。他致力于铁路供电及自动化领域的创新研究与人才培养，为我国电气化铁路建设与运营做出重要贡献。他主持完成的"高速铁路弓网系统运营安全保障成套技术与装备"项目在世界上首次构建了完整的高铁弓网系统运营安全保障体系，大大提升了我国高铁安全运行与运维管理水平。他主持或参与的科研项目先后4次获得国家科技进步奖二等奖，2022年获得第十四届光华工程科技奖。

致力于解决问题

高仕斌一直有个信念：科研要直面社会发展的现实需要，只有这样才能更好地发挥科研的作用。

致力于解决问题，也是他自小养成的思维习惯。无论是渴望铁路修进大山，还是选择铁路电气化专业，他的每一步选择都瞄准了现实需要。

科研产生于现实需要，最终又将回馈现实，在高仕斌看来，科研成果就是为转化应用而生的。也正基于此，他才更加不怕困难，努力探索如何解决瓶颈；带领团队，齐心协力实现技术突破。科研路上的每一步，他都走得扎扎实实。

受益于前辈们爱国奉献、求真务实精神，高仕斌几十年来醉心于工程类研究，并把研究重点放在解决铁路电气化发展的现实问题。他也通过自己的言传身教，将这种精神传递给更多人……

王永战

任长忠：
破译裸燕麦基因密码

2022年7月18日晚，国际知名学术期刊《Nature Genetics》(《自然·遗传学》)在线发表了研究论文《基于参考基因组揭示六倍体燕麦的起源和进化》。

这篇研究论文来自国家燕麦荞麦产业技术体系首席科学家、吉林省白城市农业科学院院长任长忠带领的团队。四川农业大学和白城市农业科学院联合开展的燕麦研究，首次破译了六倍体栽培裸燕麦的基因组，并研究了六倍体燕麦的起源与亚基因组进化，破译裸燕麦基因密码。

"一定要把起源于我国的六倍体裸燕麦基因组测序工作，在全世界率先完成。"任长忠说。

"严酷的条件，更能塑造优秀的品种"

白城市农科院位于吉林省西部。1988 年，任长忠大学毕业后被分配到这里，双脚扎进泥土中，至今已工作 34 个年头。

"燕麦的根系最长达 2 米，能很好地耐贫瘠、耐盐碱。在低肥力土壤中，燕麦比其他粮食作物产量高。"1998 年前后，当发现燕麦更耐贫瘠和盐碱的特性后，任长忠锁定了研究目标。他也像燕麦一样，扎根在白城这片土地上。

当时，我国燕麦种植面积不大，燕麦育种研究一度被认为没什么前途。农科院展厅内，陈列着一排取自当地的各类土壤样本，清晰展示了 1 米深的土壤状态。"白城这块是个'锅底'，周边冲积土堆积，形成了丰富的土壤类型。"任长忠说，这里就是他做研究最好的地方。

白城地区干旱少雨，土壤风化、沙化、碱化严重。通过在白城贫瘠的土壤中不断选育，任长忠将燕麦的优势特性进一步提升，"严酷的条件，更能塑造优秀的品种。"任长忠说。

扎根白城，取得科研成果 50 多项，任长忠逐步成长为国家燕麦荞麦产业技术体系首席科学家。在国外交流学习时，有人劝任长忠留下工作，回国后，国内不少科研机构也邀请他，但都被他拒绝了。

"我想留在家乡的田间地头，真正为乡亲们做点事。"

任长忠选择回到家乡，并坚守至今。

2007 年，任长忠远赴西藏，帮助开展燕麦示范种植项目培训指导工作。刚开始，推广燕麦遇到不少困难，于是他带领团队到日喀则的曲美乡，开辟了一块 1000 亩的燕麦示范种植田。

高原缺氧，水土不服，任长忠都不放在心上，依旧深入田间。他制定了示范方案和栽培技术规程，并开展示范种植试验。收获季节，看到燕麦结出了饱满的籽粒，农牧民们竖起了大拇指："相比种青稞，种燕麦一亩地能多收入 400 多元。"

根在白城，任长忠却带着燕麦种子，在更广阔的土地播撒，目前已推广至 10 多个省份，种植面积已达 1200 多万亩。

"一定要带动燕麦研究的整体发展与提升"

燕麦是优质谷类作物，又是重要的饲草作物，还不与传统作物争地。"小燕麦，用处大，在应对粮食安全挑战中能发挥独特作用。"任长忠评价说。

每年 6 月是燕麦开花的季节，任长忠整天顶着烈日，拿个小镊子在田间做杂交组合试验。任长忠创造性地提出"燕麦带芒标记性状集成优选技术"，大大提高了育种成功率。同时，他摸索出提高育种效率的新途径：春播—夏繁—南繁。正常条件下，12 年才能培育一个燕麦品种。"北育南繁无休止，春夏秋冬不等闲"，任长忠像候鸟一样迁徙于南方、北疆，一年三季完成 3 年的科研任务。

"一定要把种质资源牢牢地掌握在我们自己手里。" 如此拼命奔波，任长忠创新培育出了不同类型燕麦，有耐旱型的、耐盐碱型的、水浇型的、兼用型的；有的适用食品加工、有的适用植被恢复、有的在东北地区一年 "两季双熟" ……

随着燕麦育种研究的突破，任长忠参与的国家项目越来越多。2005 年，任长忠被选为原农业部 948 燕麦重大项目首席专家，拿到了近 600 万元的科研经费。

"当时，我国燕麦研究还处于低谷，从事燕麦研究的科研单位为数不多，大多缺少经费，举步维艰。" 任长忠看见许多宝贵的燕麦种质资源 "闲置" 在仓库中，育种创新几近停滞，便毅然决定把科研经费分配给 7 个省份的 8 家科研和教学单位。

"一定要带动燕麦研究的整体发展与提升。" 任长忠不断地将科研资金向全国其他的燕麦科研机构投入，并建立起了国内第一支燕麦研究团队。团队由十几个人发展到 17 个省份的 31 家科研和教学单位共 500 多人，任长忠作为首席科学家，带头建立了国家燕麦荞麦产业技术体系，依托白城市农科院，建立了国家燕麦荞麦产业技术研发中心。

如今，任长忠带领的团队选育出燕麦荞麦新品种 60 多个，制定出栽培技术、生产标准等 40 多项。

"做好加工转化，燕麦的产品才能更加丰富"

在白城市农科院展厅，陈列着各种类型的燕麦产品，从燕麦片、燕麦米、燕麦饮料等食品，到燕麦化妆品等，小小燕麦粒变化万千。

"做好加工转化，燕麦的产品才能更加丰富。"立足燕麦科研，任长忠也努力转换角色，忙完田里科研，就到企业看研发，再到市场上调研燕麦产品。

目前，任长忠带领团队将企业和市场需求与体系技术供给紧密对接，解决企业生产中的技术问题，带动燕麦产业发展。

2022年春天，白城市农科院向国内燕麦市场的一些企业进行品种授权。由白城市农科院选育的燕麦品种21E487，将成为共同打造的优质燕麦专属品种。

如今，白城燕麦系列化妆品企业、燕麦大众主食产品企业、燕麦白酒厂等企业纷纷落地，白城市农科院以科企联合的方式，进行燕麦产品开发和市场拓展，带动燕麦产业在白城集聚。

"来白城落户的企业，咱们农科院免费提供技术支持。"任长忠决心服务好企业，助力家乡发展，瞄准大众化食品、高附加值产品加工，带动白城地区燕麦种植，让农民增收致富。在任长忠的带领下，白城市农科院构建了以"燕麦种质创新—专用品种选育—优良品种繁育—优质基地建设—科企联合创业—生产主导产品—创新特色产业"为基本链条的产业发展模式。

国家燕麦荞麦产业技术研发中心以白城市农科院为技术依托单位，组建了全国"产学研"产业技术体系，进行科研成果转化和技术推广。至今，该中心带动具有一定规模的燕麦加工企业从最初的十几家增加到目前的300多家，同时带动50多个国家级贫困县共2万多户贫困户增收脱贫。

（原载《人民日报》2022年7月19日）

学人小传

任长忠：1964年生，吉林白城人。国家燕麦荞麦产业技术体系首席科学家、吉林省白城市农业科学院院长。30多年坚守农业科研和生产第一线，取得科研成果50多项，带动了我国燕麦荞麦科研水平和产业竞争力快速提升，推动了燕麦荞麦产业创新融合发展。曾荣获全国优秀科技工作者、全国先进工作者、全国五一劳动奖章等荣誉。

用更好的技术，种出更好的粮食

采访中，任长忠总是情不自禁地说起自己小时候的经历。在白城市的贫困农村长大，任长忠对父辈们在贫瘠土地上的艰辛耕种，记忆犹新。

在贫瘠的土地上塑造出优秀的品种，这得益于农业科研的进步与发展。浓浓乡情在心底扎根，任长忠日复一日地坚守在田间地头，带领团队攻克一个又一个科研难题，迎接一年又一年的丰收。帮助农民用更好的技术，种出更好的粮食，任长忠用真情和汗水，真正把论文写在了大地上。

朱思雄　孟海鹰　祝大伟　郑智文

冯建峰：
为数字大脑当"模特"

数学、物理、计算机、生物、材料、工程、医学、药学、心理学、语言学……什么样的科学研究，会将这么多学科汇集在一起？

在复旦大学类脑智能科学与技术研究院（以下简称"类脑研究院"），这样的交叉课题研究是常态。作为首任院长的冯建峰，既是上海数学中心首席教授，还兼任复旦大学大数据学院院长。而他这两年发表的学术成果，却大都与疾病有关：睡眠障碍、孤独症……

"脚踏实地，先做好人，再做科学家"

"人脑看似不大，却由 860 亿个工作单元（神经元）组成……" 58 岁的冯建峰说起他的研究领域，目光炯炯有神。

2015 年，冯建峰受聘成为复旦大学类脑研究院首任院长。当时，他用系统发展神经计算的数学理论解决了一类最优随机控制问题，取得了优异成果，成为国际生物信息领域的知名专家。

1981 年，冯建峰考入北京大学数学系。他和他的同学们一样，都在数学研究上有着崇高的理想，想采撷数学皇冠上的璀璨明珠。时任数学系主任丁石孙的教导，让 17 岁的冯建峰有了更深刻的认识："丁老师希望我们这些年轻人，脚踏实地，先做好人，再做科学家。"

年少的冯建峰，逐渐把兴趣转向应用数学领域：大二起，他开始旁听生物系课程；写博士论文时，他将随机过程理论用于神经网络研究……30 年间，冯建峰一直利用数学方法研究脑科学。

凭着算法技术在工业或投资界也能有很好的发展，但冯建峰从未有过转行的念头。当复旦大学筹建类脑研究院时，在国外大学多年领导着一家实验室的他适逢其会，成为拓荒建组的不二人选。

"我做研究是被好奇心驱动的"

如今的复旦类脑研究院，已有一支120人的教职工队伍，有认知神经科学、计算系统生物学、人工智能算法、全脑计算等多个研究团队。

在冯建峰的邀请下，青年学者贾天野加入了复旦类脑研究院。"冯老师话不多，但总是身体力行。他的愿景是做顶天立地、高水平的科研。"贾天野说。而冯建峰则这样评价自己："对我来说，科研是第一快乐的事，我做研究是被好奇心驱动的。"

2018年，冯建峰团队首次搭建了由7000万个脉冲神经元组成的数字大脑。通过数学算法，实现人脑全脑尺度千亿级神经元功能的精细计算模拟。通过计算模拟，进一步解析大脑感知觉、学习记忆、情感决策及信息处理等工作机制，为人工智能的原创突破提供实验及理论基础。到2021年底，数字大脑拥有的神经元数量已与真正的人脑相当。

这个数字大脑的原型就是冯建峰本人。冯建峰的助理介绍，这个"人脑模特"并不好当，日程安排"一天顶别人三天"的冯建峰，常常需要精确算好时间，从复旦大学邯郸校区驾车到浦东新区的张江国际脑影像中心，在磁共振成像设备上接受扫描，监测脑部活动，为数字大脑提供原型数据。"在高场强环境里待一个多小时，那样的滋味不好受，冯老师却毫无怨言。"他的博士生谢超说。

冯建峰一直雷打不动坚持的还有每周 3 到 4 次的讨论班。周一、周四下午是"全脑计算"课题组；周二下午则是脑神经科学研究团队。偶尔与其他工作冲突，讨论班会被挪到晚上，冯建峰即便是出差在外，也通过视频参加，从不取消。所有人都要发言，青年研究员要报告研究进展、前沿学术资讯，学生们要对导师指定的阅读文章、书籍做概述、谈观点。

"要说到点子上。把读过的 50 页文章，概括成三句话告诉我！"冯建峰毫不客气地叫停了一名博士生的报告。

学生们最怕讨论班上的冯建峰。"不要以为他正在忙着，记不得你报告的内容，他会一直追问'你这个研究做到后面是什么'。可以说，讨论班结束的那天晚上，才是我们的真正周末。"谢超说。

"交叉学科的人才成长比传统学科难很多。要抗得住各种干扰，持之以恒，方能有所突破。"在冯建峰看来，做科研要有兴趣驱动，要有天赋，也要"够拼"。搭平台、拓视野、加压力，要让年轻人迅速成长起来，才能把研究院打造成具有全球影响力的前沿研究和科技创新中心。

"既要咬定长期目标，也要关注一些'热点'问题"

聊起科研，"好玩""有意思"是冯建峰常说的话。同事和学生也说，他常有天马行空般的研究灵感。

人们常说"科研要坐得住冷板凳"，冯建峰对此有自己的理解："搞科研当然得坐得住冷板凳，耐得住寂寞，要有长远的研究目标。但研究者的头脑中不应只有一个科学问题，应该始终有短期（热）、中期（温）、长期（冷）多个选题和目标。既要咬定长期目标，也要关注一些'热点'问题。"

近年来人工智能技术火热，但要破解人脑工作机制、实现用计算机模拟大脑工作，还有很长的路要走。比如，类脑研究院正在建设的张江国际脑库，已拥有国际共享数据库 52 万余个，但在一些脑科学的重要领域仍在积累数据。

研究院也在运用数据、算法提炼理论模型，通过新路径研究神经系统疾病，寻求干预治疗的方法。"冯老师带队，联系了很多医院和研究机构，收集临床需求。这个工作很累很困难，但很有价值。"副院长谢小华说。

"我们收集了约 17 万人的睡眠状态大脑数据，分析发现，10 岁左右的青少年睡得越长，大脑发育越好……"2021 年 7 月，在世界人工智能大会上冯建峰关于健康睡眠的研究报告，引来了 4.6 亿人次的阅读量。这让他感到很自豪，并且开始对科普投入更多热情。现在，他正着手编著关于脑与类脑的科普图书……

日程以小时为单位，排得满满当当，夜里 11 点还在发微信文章、追踪研究进度；将时间管理和严格自律做到极致，即便是穿行在校园里，冯建峰也会迅速算出"最佳路线"，比别人更节省时间。

冯建峰还有许多业余爱好，包括网球、羽毛球、游泳、登山等很多体育项目。他常年保持每天一小时的体育锻炼。甚至在两个会议之间，也会换上运动鞋，在校园里跑上几圈……

（原载《人民日报》2022 年 3 月 15 日）

●┅┅┅ 学人小传 ●

冯建峰：1964 年生，"长江学者"特聘教授，现任上海数学中心首席教授、复旦大学类脑智能科学与技术研究院院长、复旦大学大数据学院院长、上海脑科学与类脑研究中心副主任。在计算神经科学领域发展了一系列数学、统计与计算机的理论和方法。通过对来自神经科学和脑疾病的不同尺度海量数据的分析、研究，他提出了非线性因果关系的方法和理论，应用于发现抑郁症和孤独症病灶及其临床诊疗。在单神经元和神经元网络的动力学研究、机器学习算法的设计和分析、随机控制理论等方面取得一定成就。

跨学科融合 高水平科研

多元、交叉、融合……这样的词在生活里越来越常见。在科学界，同样也有一批跨越多学科的科学家。尤其是有了大数据、超级算力、光子设备等新技术新设备的助力后，很多传统学科的学术范式，也迎来了创新发展的新契机。

光有技术设备还不够，要真正实现跨学科融合，还需要有一大批学术基础扎实、善于突破传统知识边界的人才。今天的教育、科研和人才培养，都应对此高度重视。

当然，跨学科只是手段，跨学科研究的目的，还是要做有情怀、有利于经济社会发展和人民生活水平提高的科研。在冯建峰身上，就充分体现了这样的家国情怀。不论科研创新如何变，支撑科研工作者走得更远的，都是这样的使命和担当。

姜泓冰

潘彤：
扎根高原，探寻大地宝藏

　　厚厚的镜片、瘦高的身材，一身户外服，似乎做好了随时奔赴野外的准备。初次见到潘彤，是在青海省地质矿产勘查开发局 12 楼的一间办公室里。除了层层摞摞的资料、几个新采的矿石标本，还有一张矿产资源分布图格外显眼：察尔汗钾盐矿、夏日哈木铜镍矿、五龙沟金矿、锡铁山铅锌矿……一个个偏僻地域的矿产发现，串联起这位地质人的职业生涯。

　　1988 年，从桂林冶金地质学院（现桂林理工大学）地球化学勘查系毕业后，潘彤回到家乡青海。穿越巍巍昆仑，翻过祁连达坂，丈量柴达木盆地……30 余年间，他和同事们以高山为伴，穿行戈壁荒滩，在茫茫高原上探寻大地宝藏。

宿野外、爬高山，探矿虽苦，却乐在其中

"榜样的力量是无穷的"，这句话放在潘彤身上颇为贴切。

20 世纪 70 年代末，电影《李四光》在全国上映。电影幕布上的彩色图像，让潘彤大开眼界，更把一个可亲可敬的地质学家形象深深印在了他的脑海中。"当时虽然不知道地质学到底是研究什么的，但我就是想学，想成为像李四光一样的人。"1984 年高考，潘彤毅然报考了桂林冶金地质学院的地球化学勘查系。

4 年的专业学习让他感受到地质学的广博，也让他对故乡有了新认识："持续数千万年的喜马拉雅造山运动，孕育出青藏高原的富饶矿藏。而青海地处青藏高原北部，地层发育齐全，沉积类型多样，岩浆活动频繁，构造运动强烈，具备良好的成矿条件。"1988 年，大学毕业后，潘彤回到青海工作，成为青海省有色地质矿产勘查局下属的青海有色

物探队野外分队的一名工作人员。

"啃干粮、睡帐篷、爬高山这些'基本功'自不必说，为了完成大面积地质普查任务，我们每三个人分成一个小组，每天要骑马几十公里甚至上百公里，中间每隔一两公里，就要看露头、取矿样、测产状、查构造。山路陡峭，有的地方连马也去不了，需要三个人把近百斤的样品徒步背回来。累了，就靠着石头歇一会儿；渴了，就喝口水继续前行。"回想起这些经历，潘彤说，"选择这个行业，注定要吃苦，但也乐在其中。"

星光不负赶路人。通过在成矿有利地段创造性部署1：50000水系沉积物测量，潘彤和同事们在青海发现了督冷沟铜钴矿、果洛龙洼金矿等，在西藏发现了斜道峡铅锌矿、哈拉山铜矿、堆拉铅锌矿等。

这些成绩的背后，伴随着各种危险。"野外断炊，我们就钓鱼、捡蘑菇充饥；遇到狼群，我们敲击铁片、生火进行驱赶。还有一次，我牵马经过一段结冰的山坡，突然马蹄一滑摔向悬崖，我被缰绳一带，也滑向了崖边，幸亏被一棵树挡住了……现在想想真是后怕！"潘彤说。

30多年奔波，数百次探寻，系统划分柴达木盆地北缘成矿单元

从表面上看，一把地质锤、一个放大镜、一个罗盘，就几乎是探矿人走南闯北的全部家当。但实际上，矿产勘

探是一个涉及面很广的领域，离不开对物理学、化学、生物学、气象学等知识的掌握。

"如何提高勘探工作的准确性？"随着工作经验的不断积累，这个问题萦绕在潘彤心头。1992 年和 2001 年，潘彤先后考上了中南工业大学（现中南大学）矿产普查与勘探专业的硕士研究生和吉林大学矿床学专业的博士研究生。

围绕硕博论文题目，潘彤在大量野外调研、室内测试分析的基础上，提出东昆仑成矿带钴矿成矿系列理论。运用该理论，潘彤和同事们不仅发现了肯德可克钴铋金矿，还在已知矿点上新发现了钴矿，如海寺铁钴矿、督冷沟铜钴矿。

"地质勘探的魅力不仅局限于找到矿藏的那一刻，哪怕是看似一无所获的勘探，在布满褶皱和断层的大地深处，破译山峰诞生时经历的挤压与变化，也是一种乐趣。"带着这样的兴趣和热爱，潘彤和同事们一次次跋涉在高山峡谷，看地貌河床，探地质构造。从前期的样品质量保证，到后期的数据分析，再到提出理论认识，他们孜孜以求、从未停歇。

在潘彤的心目中，柴达木盆地周边是矿藏勘探的"聚宝盆"，也是他倾注时间与精力最多的地方。30 多年的奔波，数百次的探寻，潘彤对柴达木盆地北缘成矿单元进行了系统划分，并结合区域稀有金属元素地球化学特征，提出了在稀有金属矿方面的勘探前景，并通过了专家论证。2018 年，在对该地区 1∶25000 水系沉积物扫面 200 平方公里的过程中，他和同事们发现了稀有综合异常 34 处，从中发现锂铍矿体三条，目前都已达到大型铍矿的规模。

全国青年地质科技金锤奖、全国五一劳动奖章、全国先进工作者称号、李四光地质科学奖……面对荣誉，潘彤十分谦虚："我们青海省地质矿产勘查开发局建局 60 多年来，很多前辈和同事在探矿一线奉献一生，荣誉属于所有探矿人，我唯有更加珍惜和努力。"

开展柴达木成矿体系分析，
提高盐湖资源保障能力

过万丈盐桥，到盐湖码头，在位于青海省海西蒙古族藏族自治州的察尔汗盐湖景区，盖满盐花的 5800 多平方公里土地上，碧绿晶莹的钾盐绵延无边，牧民受益于盐湖资源，游客惊叹它的美丽，但在潘彤的眼中，盐湖中蕴含着无数的研究课题！

钾盐是制造钾肥的重要矿物原料，作为我国重要的钾盐供应生产基地，柴达木盆地盐湖钾盐资源保障能力如何提高，是潘彤和同事们近几年的研究重点。

"从 2018 年开始，我们对柴达木盆地盐类矿产不断进行成矿特征、储藏规律的探讨和总结，划分盐类矿产成矿单元、成矿系列，目前正在开展柴达木成矿系统的建立与分析。理论成果不断指导生产，新发现氯化钾盐资源量 1 亿吨以上，获得发明专利 5 项。"潘彤告诉记者，"2019 年，我们成立了专门的工作室，聚焦重点勘查工作，目前团队主要成员 17 人，基本为 80 后、90 后技术骨干，大伙一起外出、一起钻研，工作室'传帮带'作用不断凸显。"

"信念心中藏，一路相扶将……"这是潘彤在与妻子周燕结婚不久后作的小诗。周燕说："这也是我们多年来真实的生活写照。"在周燕看来，勘探工作塑造了潘彤坚强的性格。"平时忙完工作，他总是第一时间赶回家。不管在外面遇到什么困难，他在家里总是乐乐呵呵、忙前忙后，对家人充满关爱。"

大地无言，只有努力前行的人，才能不负时光。"接下来，我们将重点围绕柴达木盆地深层含钾锂卤水盐矿成矿模式、找矿潜力、开发利用等进行攻关，为国家粮食安全、新能源发展提供资源保障。"谈到未来的工作，潘彤充满信心。

（原载《人民日报》2022 年 8 月 18 日）

学人小传

潘彤： 1966 年生，青海省地质矿产勘查开发局总工程师。参加工作 30 多年来，坚持奋战在青藏高原，进行区带找矿勘查、矿产喷流—沉积作用、地球化学勘查等领域研究。先后获得全国五一劳动奖章、全国先进工作者等荣誉，也是青海省唯一的李四光地质科学奖获得者。曾主持多项重大项目的实施及地质项目的立项设计、报告评审工作，与同事一起累计发现各类大中型矿产地近 10 处。

做一名永不停歇的攀登者

巍巍祁连、莽莽昆仑，横亘在祖国的西部，更矗立在探矿工作者的心中：从野外找矿到服务经济社会发展，从助力生态文明建设到保障国家粮食安全，再到聚焦平台建设、人才培养，潘彤和同事们把青春和激情写在了高原大地上。

野外作课堂、大地当舞台，地质勘探工作充满艰辛；踏遍群山、忍受缺氧，高原地质勘探殊为不易。"正因为一步一步丈量过，一锤一锤敲打过，脚下的每一寸土地才变得更加厚重。"在潘彤的心中，当自己真心拥抱高原、投入到高原的发展建设中，高原也会变成滋养精神的沃土。

"随着研究的深入，我们对高山更加充满敬畏。"多年的攀登者，如今更加理解高山。"还有研究项目没有完成，明天要去格尔木！"夜已深了，但潘彤的声音从电话那头传来时，依然充满热情。

贾丰丰

赵国忠：
"候鸟"生涯只为种出最好棉花

"刚从事棉花育种工作的时候，我时常问自己一个问题：十年、二十年甚至更多年后，我还能保持最初的这份热情吗？"

春夏之交，在海南三亚市南滨农场石家庄市农科院棉花基地，极目远眺，星星点点的雪白棉桃点缀着广袤绿野……在这片土地上，赵国忠已经坚持南繁育种45年。

"做科研要有一颗像棉絮一样纯粹的心"

今天听广播，得知"冀棉8号"获得了国家科技进步二等奖。得奖固然让人高兴，但还要意识到问题的存在。很多地区仍靠引进种子发展生产，当下重要的是育出更多我们自己的优质种子。还需要注意，不能稍有成绩就骄傲自满，做科研要有一颗像棉絮一样纯粹的心。

——摘自赵国忠 1987 年 7 月 11 日日记

1973 年从河北石家庄地区农业技术学校毕业后，赵国忠被分配到石家庄地区农科所（现石家庄市农科院）从事棉花育种工作。

当时，燕赵大地虽盛产棉花，但没有自己的当家品种，产量长期不稳定，平均亩产皮棉只有 27 公斤。纤维品质也不高，不符合纺织企业加工要求。

"培育出自己的优质品种，需要我们这一代人加倍努力。"中专毕业的赵国忠常感觉力不从心，但他认准的事，就一心要干好。于是，赵国忠开始恶补棉花育种知识。冬天屋里冷，就在楼道里的炉子上烧块砖，放到身边取暖读书。他还利用冬闲跑了大半个中国，向老前辈和同行求教。没有育种材料怎么办？业内的各大院校、科研单位一个个地跑，收集到 300 多份基础材料。

"科研不能着急，又不能不急。"40 亩试验田里种下 16

万株棉花，他每天蹲在地里观察、选择、挂牌、记录，从中选出最优单株。和棉花朝夕相处，种质资源圃里的上千个品种的年份、生长期产量表现、抗病虫害能力、株型开张度等情况，他逐渐了然于胸。

1983年，赵国忠团队培育出"冀棉8号"，1984年在河北正式推广后，平均亩产超过90公斤；20世纪90年代，他又与中科院遗传所合作培育出具有我国独立知识产权的第一个种间三元杂交新品种"石远321"，曾创下252.7公斤的世界棉花单产最高纪录。

后来，有人建议他做行政管理工作，被他婉言谢绝："我的长项就是棉花育种，在基层做育种工作，心里很踏实。"

"育种人应像优质棉种一样，适应性强、抗逆性强"

今天背着棉种往火车站赶，来得晚没买到车票，把水泥板当床，半袋棉籽当枕头，在火车站广场睡下。夜里却被巡逻的警察叫醒，想必是我邋遢的样子给别人带来了误解。这段时间的奔波让我感到有些疲劳，工作上也遇到困难，但要想培育出良种，育种人应像优质棉种一样，适应性强、抗逆性强。

——摘自赵国忠1990年9月28日日记

"上衣皱巴，一鞋泥巴；凌乱头发，像团棉花。"这是当时同事们对赵国忠的评价。如今他依然衣着朴素,他说,这是老南繁人的传统。

"南繁"一词,意指利用我国南部亚热带或热带的光热条件,进行种质资源加代繁殖和选育。棉花是喜光作物,为了加快研究进程,从1977年开始,赵国忠每年9月都来到三亚加代育种,开启了自己近半世纪的"南繁候鸟"生涯。

40多年前,石家庄到海南的交通极为不便。"坐火车、坐轮渡、坐汽车,赶路就要花半个月。"赵国忠说,在三亚南滨农场,科研人员住的是四面透风的茅草房,睡的是椰子树枝搭的床。蚊帐上挂着盆接雨水,蚊帐下撒硫黄防蛇。居住地离试验田远,中午就在田里啃凉馒头就咸菜。经费紧张,没钱请工人,所有农活都自己干,身上被棉花壳划出一道道血痕,冲凉时犹如往伤口上撒盐……

"尽管条件艰苦,但我一直庆幸能够加入南繁的队伍中。"赵国忠说,一方面,加代育种为科研节省了大量时间;另一方面,南繁基地聚集了一批优秀的科研工作者,通力合作,让他有了更广阔的施展空间。

20世纪90年代,华北地区棉铃虫大暴发,棉田收成大幅下滑。1998年,赵国忠与中国农科院生物技术研究所合作承担了列入国家"863计划"的双价抗虫棉研究课题。

导入抗虫基因后,仍能保持其他优良性状的种子万里挑一,其间赵国忠经历了一次又一次的失败。他总勉励自己:"育种亦如育人,不经历些磨砺,是没法成才的。"1999年9月,赵国忠和团队成员满怀希望地将导入抗虫基因的

397 粒种子种在了三亚的南滨农场。最终成功选育出了双价转基因抗虫棉"SGK321"，成为首例拥有我国独立知识产权、世界上首例双价转基因抗虫棉。对棉铃虫"免疫"的"SGK321"，单株结铃最多达 594 个，一般亩产皮棉 100 公斤以上，为棉花生产带来巨大的经济效益。

"我对自己有信心，对这份事业更有信心"

　　最近全国各地几个基地来回跑，高血压的症状越来越明显了。前些日子在地里观察样本，抬头低头间，忽然觉得手麻，险些晕倒，幸好身旁有同事在。经过十几天的输液，恢复了很多。我想还是要爱惜身体的，身体健康，才能继续在棉花事业中发光发热。

——摘自赵国忠 2021 年 2 月 4 日日记

　　在位于三亚的国家南繁科研中心南滨农场，赵国忠办公室外的一辆老式电动三轮车格外显眼……"我刚参加工作时，河北省正定县南早现村试验基地距离农科所 15 公里，那时天天泡在试验田里，寒来暑往不知道骑坏了多少条轮胎。"赵国忠说，现在蹬不动自行车了，每天就骑着这辆电动车到田里，看看棉花的长势。

　　"眼前这一批，培育的是茎秆距离地面 20 厘米左右的紧密型植株，适合大机械收割，能进一步提升收割效率。"赵国忠指向远处试验田说，虽然我国棉花育种已经走在世界前列，但每年还需要进口棉花200万吨左右。

2010年，赵国忠从石家庄市农科院棉花室主任岗位上退休，不再主持育种试验。虽然退到了"幕后"，但十几年来他早已习惯于把自己的行程安排得满满当当，每年仍在河北、海南等地奔波。

退休后的时间里，他参与培育的"石抗126"综合性状依然排名全国第一，在国家级区域试验中表现突出，后来又作为黄河流域对照品种和机采棉对照品种。"石早1号"到现在还作为河北晚春播棉花的对照品种，而且最近又选育了几个新品种通过审定。国内很多棉花科研机构用他培育的棉种作亲本，育成新品种，他发自内心地感到高兴……

"现在的南繁不再'难烦'，科研和生活环境大大改善。我对自己有信心，对这份事业更有信心。别看我现在已是70多岁的人了，但我还想继续干下去……"赵国忠脸上露出期待的笑意。

（原载《人民日报》2022年6月9日）

学人小传

赵国忠：1950年生，河北石家庄人，棉花育种专家。他在近半世纪的育种生涯里，先后培育出21个棉花新品种，包括6个国家级品种；获得国家科技进步奖2次、技术发明三等奖1次，省部级科技进步、技术发明特等奖、一等奖8次。棉花是喜光作物，为了加快研究进程，几十年来，赵国忠习惯于把自己的行程安排得满满当当，每年都在河北、海南等地奔波。

责任与热爱让梦想开花

赵国忠出身农民家庭，从小的经历，让他从进行棉花育种工作的第一天起，心里就埋下了一颗"让老乡们穿暖"的种子。近50载育种生涯，梦想正在开花结果……

如今年逾古稀，他仍坚持全年在各地奔走；坚守田间地头，顶着风吹日晒，为育良种，坚持不懈。选育良种犹如一场马拉松，为一颗种子等上十几年也是常有，支撑他的，是对这份事业的责任与热爱。赵国忠有着浓厚的家国情怀。他说，自己一生没有别的梦想，就想把所有的时间投入到棉花良种培育中去，如果能使棉农多方面受益，有利于国家棉花产业发展，心里就有说不出的高兴。

这，便是千万育种人的缩影，他们默默奉献，辛勤耕耘，坚持把论文写在祖国的大地上……

曹文轩

张同杰：
所系所念皆星河

"我是谁，我从哪里来，要到哪里去？"从古至今，人们对这一"终极问题"的哲学思考和科学探索，从未停止。

北京师范大学天文系教授张同杰就是这一答案的追寻者。宇宙是怎么来的？经历了怎样的变化？宇宙还隐藏着多少秘密？探索这些无比遥远的事，就是他的日常工作。

"对宇宙的好奇心，是人类的本能"

"宇宙起源的理论虽然很多，但学界公认的只有宇宙大爆炸理论。其实，科学家们倒是希望出现一点特别情况，那意味着重大的新认识，比如最近的哈勃常数危机问题……"张同杰打开了话匣子。与很多科学家一样，张同杰的研究也是由兴趣驱动，他说："对宇宙的好奇心，是人类的本能。"

出生于山东农村的张同杰，由于条件所限，没有机会读高中，只上了一个中专——山东省平原师范学校。张同杰成绩优异，被推荐参加高考，然后考入山东德州师专（现德州学院）物理系，之后又考入山东省教育学院（现齐鲁师范学院）物理本科专业。

张同杰小时候数学成绩特别好，老师也常常鼓励他。"那时我的理想是成为数学家。"张同杰说，后来他发现自己对物理更感兴趣，尤其是天体物理。他经常听收音机里的科普节目，也常在报刊上学习天文学相关知识，"报刊上介绍黑洞的文章，深深地吸引了我"。1993年，他考取了中科院上海天文台天体物理专业的研究生，走上探索宇宙之路。

目前，张同杰带领团队在4个方向上展开研究，其中既有主流的标准宇宙学理论研究和观测，也有比较"冷门"的地外文明探索。

宇宙学研究非常依赖观测，对技术设备的要求非常高。

在张同杰身上，就有一种能迅速抓住前沿方向、利用最新技术手段的敏感。

天文学家一直在寻找测量宇宙膨胀加速度的更好方法。理论预言，宇宙膨胀加速度变量极其微小——相当于在一年的时间内，增加了蚂蚁爬行的速度。这需要极高的观测精度。大约10年前，张同杰带领博士生于浩然（现厦门大学天文学系副教授）与一个国外的宇宙学研究团队合作，基于红移拖坠原理，提出了第一个宇宙加速膨胀的直接测量方法。

但是，这一方法需要用分辨率非常高的射电望远镜对目标类星体连续观测5~10年才能得出结果。"中国天眼"（FAST）建成后，张同杰立即开展了FAST首个中性氢21厘米吸收线的宇宙加速度观测。

宇宙演化模拟也是张同杰投入精力比较多的研究方向。早在2013年，张同杰就和于浩然用3万亿个粒子，模拟宇宙中微子、暗物质的分布和演化，还原了约137亿年的宇宙漫长演化进程。

"模拟的粒子数越多，就好比摄像机的分辨率越高，'还原'的宇宙演化史'视频'就越清晰。"2013年"天河二号"建成，团队很快跟"天河二号"设计者取得联系，完成了数值模拟，那也是当时世界上粒子数最多的N体数值模拟。

"超级计算机一般是五年一代，其算力第一的地位只能维持五六年时间，我们一定要抓住这样的窗口期，力争推动中国天文学研究领先世界。"张同杰说，他们团队仍在不断调整方向、优化算法，为下一次"上机"做准备。

"严谨的治学态度、科学的治学方法，是我求学时最大的收获"

在张同杰的每个成长阶段中，老师的教诲都对他影响至深。"在德州师专读书时，贺金玉老师的鼓励，让我对人生目标有了清晰规划。读研时，宋国玄和沈有根两位导师对我影响也很大。严谨的治学态度、科学的治学方法，是我求学时最大的收获。"张同杰说。

或许是接连得遇良师，让张同杰对教学产生了极大的热情。博士毕业后，张同杰进入北京师范大学任教，在做好研究的同时，全身心投入教学工作。

在学生陈杰峰看来，张老师很喜欢带"新人"。研究团队一般以硕士生、博士生为主，"张老师的课题组却吸收了不少本科生，这让很多学生在本科期间就有机会做出成果，对将来选择研究方向大有裨益"。张同杰擅长观察学生特长，据此帮助学生确定研究方向，同时充分尊重学生的兴趣。

"我对使用人工神经网络算法限制哈勃参数很感兴趣，所以张老师只要一看到这个领域的相关资料、论文，就会发给我。"陈杰峰说。

硕士生陆昌智感受最深的则是张同杰的治学态度："张老师教学时能清晰地抓住问题主干，提问则特别仔细，不会放过任何细节，用一连串深刻的发问直指本质……"

张同杰的研究团队每周都会举行一次集体讨论会。学生有好的想法可以随时跟张同杰沟通。"但张老师更鼓励大家独立思考，有问题要先尝试自己解决。"博士生陶振钊说。

在团队成员眼里，张同杰似乎没什么业余生活，一年中，可能只有春节才会休息几天。学生们常常看见他骑着自行车在校园里匆匆而过，吃饭也是"对付一口"。即便是早上6点或者半夜12点以后，学生把研究进展发给他，他也是"秒回"。

"不能因为可能没有结果，就不去做，科研的过程和结果同样重要"

地外文明信号射电搜寻是张同杰团队的另一个研究方向。在一些人看来，这或许是科幻爱好者的异想天开，但这其实是一个非常严肃的科学问题。

射电望远镜一直是探索地外文明的主要工具，也是FAST的五大主要科学目标之一。早在2018年，FAST就安装并调试了专门用于地外文明搜索的后端设备。

耗时漫长，希望渺茫，常常遭遇质疑，所以很多望远镜管理机构都不会给地外文明探索分配太多的观测时间。在这样的情况下，愿意做地外文明探索研究的学者很少，但张同杰认为这个研究方向非常重要，而且FAST在这方面有着得天独厚的优势。

"若真有地外文明信号穿越漫长时空而来，FAST无疑是最有希望发现这些信号的射电望远镜。"张同杰为此做了很多准备，在 FAST 建设期间，他就经常与国外同行交流探讨，做一些前期准备工作。"不能因为希望渺茫，就认为没价值。不能因为可能没有结果，就不去做，科研的过程和结果同样重要。"张同杰认为。

张同杰介绍，目前地外文明搜索的主要困难在于"信号难分辨"，"即使看见了，也不一定能认出来"，因此需要不断优化算法。大部分"信号"都是干扰项，可能是仪器的噪声、飞行器的信号等，这些都需要通过后续研究一一排除。"这正是课题组的主要工作之一，我们正在努力。"张同杰说。

（原载《人民日报》2022 年 7 月 22 日）

学人小传

张同杰：1968 年生，山东夏津县人，北京师范大学天文系教授、博士生导师。他带领研究团队提出一种新方法，利用射电辐射穿过星系际间中性氢云时产生的 21 厘米吸收线，直接测量宇宙膨胀加速度。通过使用"天河二号"超级计算机，可对宇宙中微子和暗物质进行数值模拟，呈现宇宙约 137 亿年间的漫长演化进程。

 记者手记

仰望星空　脚踏实地

"不能因为可能没有结果，就不去做"。采访中，张同杰的这句话令人印象深刻。在他平实的话语中，似乎这只是再寻常不过的道理，但要做到这一点，需要极大的勇气。

敏锐的眼光、严谨的态度、坚韧的意志，这些是优秀科学家必备的品质。追求科学真理，就是要一步一步地向着未知的科学高峰攀登。哪怕"道阻且长"，甚至终其一生都难以到达，但欣赏沿途的风景也是一种收获。哪怕研究方向是错误的，也并非毫无意义，因为至少为后来者排除了一个错误的方向，让他们更容易接近科学真理。

仰望星空，脚踏实地；不浮躁冒进，也不错失良机。正是有了像张同杰一样的科学家的接力前行，才一点一点为我们拓展了对宇宙的认知。

周飞亚

除多：
立高山之巅　观高原气象

　　见到除多，他脸上还带着疲惫。作为西藏自治区气象局高原大气环境科学研究所副所长，他刚经历了一趟漫长的旅行：历时 12 天，行程 5800 多公里，一路平均海拔超过 4500 米。

　　通过地面观测，对照卫星遥感采集的信息，他可以判断积雪、草地变化等情况。窗外阳光灿烂，几簇云朵浮在湛蓝的天空之上。这片天空，除多望了数十年。人们视为风景的天空，在除多眼里，关系着高原无数人的生活。

"想做科研，但是底子太薄了"

除多出生在西藏自治区日喀则白朗县。17岁那年，他从江孜中学考上了当时的南京气象学院，主修大气探测专业，是当年县里唯一上大学的学生。南京求学期间，除多只回了一次家，就为节省路费。

毕业后，除多回到西藏自治区气象局气象台工作。那时，每天的工作就是接收卫星云图，处理图像，提供给预报部门。"当时觉得学以致用，还挺满足。"除多回忆说。

20世纪90年代初，西藏开展一江两河（雅鲁藏布江及其支流年楚河、拉萨河）流域综合开发建设，西藏自治区气象局和中国科学院遥感应用研究所共同合作项目，利用卫星遥感技术，分析开发建设成效。

除多整日和中科院的老师们待在一起。他与遥感所的专家对中部流域18个县市进行了多次实地调查。生活和交通条件非常艰苦，跟着专家们，除多走进山谷丛林，完成了6万多平方公里的调查。

夏天的高原，天气不算炎热，阳光却炽烈，晒伤是常事。在老师们身上，他感受到自身知识的不足。自己看不懂的遥感图片，老师一眼就能认清；自己不明白的技术原理，老师三五句话就能讲明白……除多想要继续深造，"想做科研，但是底子太薄了"。

1997年，时任西藏自治区农科院院长尼玛扎西的一个电话，让除多梦想成真："除多，咱们现在想送一批西藏的同志去北京参加培训，你有兴趣吗？"

"当然！"除多立马应下来。1998 年，除多成功考取了中国科学院地理科学与资源研究所，5 年多的时间，硕博连读，最终获得博士学位。

"科研是一个长期积累的过程，15 年其实不算长"

2003 年，毕业后回到拉萨，除多成为西藏自治区气象局学成回藏工作的首位博士。回到拉萨，他延续从博士阶段就开始的研究——利用遥感手段分析拉萨及周边的土地利用情况。

与这个问题结缘，也是由于 90 年代初开始的研究项目。在那次考察中，除多积累了科研数据和野外考察经验。每年考察，他都要将一江两河地区年度新增的土地利用类型描绘到航空照片上。结束考察后回到室内，他还需要把照片上的新增类型逐一录入电脑。"累得腰酸腿痛。"除多说。

读博和工作期间，他不断对数据进行更新、补充、完善。待到成果正式出版，距离开始时已经过去足足 15 年。"科研是一个长期积累的过程，15 年其实不算长。"他说。

海拔 4200 米，拉萨当雄，放眼望去，广袤的草原和远处的雪山相接。因为海拔高，这里的草长得并不茂密，长短多在一指左右。

草地是西藏最常见的土地类型和生态系统。"它们是青藏高原生态安全保护的主体。"除多说，"草地退化已成为青藏高原生态可持续发展的主要障碍，对于草地退化的情况，不同研究之间分歧较大。"

如何准确观测草地变化？除多将目光瞄准到天空——他希望通过卫星遥感，观测青藏高原草地的变化情况。但仅仅依靠遥感"俯瞰"，很难对地表草地进行准确估算。"西藏自然条件复杂，生态类型多样，此前的估算方法无法直接用，需要'从零开始'。"除多说。

除多在多地建立起地面观测站，结合实地观测和遥感观测，重新修正已有的估算方式。再通过点位实验，估算各项参数指标，最终建立了一个符合高原实际的有关草地情况的计算公式。这个公式精确度强，在国内外产生了广泛影响。

除多还借助联动遥感和地面观测，拓展遥感技术范围。"比如植被的覆盖度、地表温度、土壤湿度等，还建立了遥感监测模型。"除多说。

"我们需要开展更多、更深入的研究，提出防灾减灾对策"

青藏高原是世界屋脊、亚洲水塔，是我国重要的生态安全屏障。在全球气候变暖影响下，青藏高原的冰冻圈正经历变化——除多对此充满兴趣：如何深入研究冰冻圈变化，以及全球气候变化对其的影响。

2012 年，西藏自治区气象局就制订规划，希望建立长时间的青藏高原积雪数据集，用于气候变化预测，为第三次青藏高原大气科学试验提供数据支撑。"我们在相关领域的研究开展得太少，但这是气象部门的本职工作之一，我们责无旁贷。"除多说。

个人学术兴趣的变化和工作单位的需求，共同促使除多开始转变研究兴趣。眼光聚焦草地之外的冰川积雪，他开始发力青藏高原冰冻圈研究。

遥感能看到降雪的阴云，但是雪落下是什么样、积雪有多深，都需要去现场才能了解。为了更好地研究，他在西藏多地架设了观测设备，收集雪深等信息。通过天地观测对比，除多完善现有研究方法，期望对气象科研做出更多贡献。

跳下车，打开门，走进观测地，积雪足足有 60 厘米，一脚踩下去，雪几乎到了除多的膝盖。走到仪器旁，他熟练地打开装置，记录，把样品保存好。

这里是日喀则市聂拉木县的气象观测站，也是除多的观测点之一。"我们在这里和其他全区重点强降雪地区，建了地面自动积雪观测站。卫星再厉害，也只能反映积雪的面上情况，雪深等很多关键要素，还得依靠地面观测。"除多说。

这是除多今年 2 月外出考察时的一幕。这趟 5800 公里的考察之旅，就是为了观测和了解今年普降暴雪给当地带来的影响。

在开展冰雪研究的时候，除多脑海里总是联想起当年的灾害场景，他感到冰雪灾害研究的担子又重了几分。

除多说："精密监测是防灾减灾和应对措施的第一步，是精细服务的前提。我们用科学的手段来获取灾害发生地的第一手信息，再来制定决策，采取措施，才能达到防灾减灾和挽救生命财产的目的。"

从卫星遥感到地面观测，从山地、草地到积雪，除多既关注天上的风云，也一步一个脚印地踩在青藏高原的大地上。几十年的科研工作，他在天地之间，也观察出了一些气象变迁的规律。

"全球气候变暖，人类在高山冰雪带的活动日益增多，冰冻圈灾害带来的问题也在增多。"除多说，"我们需要开展更多、更深入的研究，提出防灾减灾对策，尤其是针对冰冻圈灾害的。"

（原载《人民日报》2022 年 4 月 15 日）

学人小传

除多：1969 年生，2003 年 3 月毕业于中国科学院研究生院，获理学博士学位，为回藏工作的西藏自治区气象局第一位博士。目前在西藏自治区气象局高原大气环境科学研究所工作。除多先后主持了国家自然基金项目、西藏自治区重点项目，出版 4 部专著，发表 80 多篇论文。获西藏自治区科学技术奖一等奖 2 项、二等奖 1 项、三等奖 3 项。

求真致用，让科研行稳致远

从遥感数据到估算方法，从草地生物量到检测雪灾，除多的科研不仅关乎"求真"，更关乎"致用"。作为西藏本土成长的科学家，除多对科研的热爱，因服务家乡的发展而意义深远。

求真，是致用的基础。庞大的根系，才能支撑参天大树。正是在数十年如一日的数据积累基础上，除多才能优化出一套适合西藏的遥感观测方法，为保护青藏高原提供科学支持。求真致用，让科研行稳致远。除多研究之路的几次转折，都和西藏发展的实际需求有关，都是区域发展亟待破解的课题。锚定社会发展的迫切问题，推动科研探索的步伐持续前进。

探索真理和服务高原，在除多身上是融为一体的。在两种动力的交织作用下，他在观测高原气象道路上走了20多年，乐在其中、坚持不懈……

徐驭尧

聂守军：
甘愿做一粒扎根泥土的种子

　　碗里还剩了一些米饭，女儿却把筷子一撂，嚷着要看动画片。聂守军很生气，批评女儿不懂得珍惜粮食。女儿吓得躲进妈妈怀里哇哇大哭。聂守军不语，端起碗来把剩下的米饭吃干净。

　　"那时孩子才6岁，头一次冲她发这么大火。" 10多年过去，聂守军仍觉得愧疚，"我从小在农村长大，最疼惜的就是粮食。"

"让黑土地种上我们自己选育的优质高产水稻品种"

1969 年，聂守军出生于黑龙江省齐齐哈尔市的一个农村家庭。"那时候日子很苦，我从上小学开始就下地干农活。最苦的是三伏天割麦子，几天工夫，就晒脱一层皮。"聂守军说。

1991 年，聂守军考到了当时的东北农学院（今东北农业大学）农学专业，想毕业后为农民、农村做点事情。随后，聂守军如愿进入黑龙江省农业科学院绥化分院工作，并把科研方向定在了水稻育种上。"当时生产上应用较多的水稻品种表现优劣参半，要么产量高但抗逆性差，要么品质优却产量低。从 2000 年开始，进口水稻品种在黑龙江水稻市场上的占比越来越大。"从那时起，聂守军就暗暗立下誓言："让黑土地种上我们自己选育的优质高产水稻品种。"

学校农学专业 81 个人，包括聂守军在内只有 4 个人选择了育种行业。"受困于种质资源有限和技术手段落后，那时全省一年才审定 20 个左右的水稻品种，许多人在育种一线奋斗一辈子，都不一定能育出一个品种。"黑龙江省农科院党组书记、院长刘娣说。

"但我从小就是个要强的人，越是困难越是迎难而上。"聂守军说。他每天早出晚归，风里来雨里去，只为随时掌握水稻长势，及时捕捉不同植株的独特性状，真可谓"早上一身露水，中午一身汗水，晚上一身泥水"。

水稻试验田在 30 多公里外的郊区，为了下地方便，聂守军花了半年工资买了一辆摩托车，信誓旦旦地跟爱人说是为了接送孩子上学。

"结果直到孩子上大学，我都没有接送过她一次。"聂守军又是愧疚一笑，"我还记得，她上小学二年级的时候老师布置作文，她写的作文题目是：我的爸爸是个农民……"

"一个好的农业科研人，不光要做出成果，更要服务好老百姓"

水稻育种要经历一个"大浪淘沙"的过程，失败是家常便饭，成功反而难得一见。

"从开始进行杂交，每培育一代就需要一个生长季。在此基础上，需要继续培育第二代、第三代……直至第六代左右，才可以进行'决选'。"黑龙江省农业科学院绥化分院研究员高世伟介绍，"然后再进行产量鉴定、抗性鉴定、品比试验、区域试验和生产试验，整个周期最快得 12 年。"

都说科研工作要"板凳甘坐十年冷"，这冷板凳，聂守军何止坐了 10 年？虽然其间也有几个品种通过审定，但因为品质不高，很快就被市场淘汰。

直到 2007 年秋收的一天，割了一上午稻子，大伙都已筋疲力尽。晌午时分，聂守军啃着馒头在田间踱步，"突然发现有一行水稻长势特别好，当时激动得眼泪都掉下来了，这就是后来的'绥粳 18'"。

接下来的几年试验，"绥粳18"亩产在千斤以上，品质也达到国家《优质稻谷》标准二级以上，并最终在2014年成功通过审定。"当时高兴得就像迎接女儿的降生！"聂守军说。

"大学时老师曾这样教导我们，'一粒好种子，不光要从实验室里走出来，更要走向田间地头；一个好的农业科研人，不光要做出成果，更要服务好老百姓'。"聂守军对此感触很深。

从2014年开始，聂守军成为黑龙江省科技厅任命的一名科技特派员，负责联系绥棱和绥滨两个水稻种植大县。"有一年'五一'假期，本来说好我们一家三口去看场电影，结果还没出门他就接到电话，绥滨县一个农户的水稻秧苗得了'立枯病'，他拿起大衣就出发，3天后解决了问题才回来。但这时假期已经结束，女儿也已重返校园。"聂守军的爱人闫春艳说。

"在基层待得时间久了，大伙不再生分地叫我'聂教授''聂所长'，而是亲切地喊一声'聂水稻'。"聂守军说，这是他所获得过的所有荣誉里最值得珍视的一个。几年下来，聂守军通过技术服务累计在帮扶地区推广水稻新品种、新技术20多项，带动农民增收3.8亿元。

参加工作20多年来，聂守军和团队选育的以"绥粳18"为代表的一系列新品种，累计推广面积达1.4亿亩，增产稻谷近76亿公斤。"还有奋战在水稻育种一线的其他同事，相继选育出了'龙粳31'等优良品种，国产水稻品种更丰富了。"聂守军自豪地说。

"我何尝不疼爱自己的孩子，
又何尝不热爱脚下的这片土地"

2021 年 7 月，聂守军被评为全国优秀共产党员，11 月又获得国家科技进步奖一等奖，加上其他大大小小的奖项，可谓是荣誉等身。"荣誉再多，也难以弥补我对家庭的亏欠。"聂守军说。

聂守军和爱人闫春艳在大学校园里相识相爱，并约定毕业后就结婚。可毕业到单位没多久，他就被派去海南育种，婚期一拖再拖，直到第二年的 5 月 18 日。"那时正当农忙，婚礼前一天他才请了一周假。这也是他参加工作 20 多年中请过的最长一次假。"闫春艳话语间不无抱怨。

"有了孩子后，她既当妈又当爹，养育女儿、操持家务、照顾老人，吃了太多太多的苦。没有她的付出，也不会有我现在的成绩。"聂守军边说边瞅了一眼爱人，一旁的闫春艳早已泪流满面。

让聂守军最为遗憾的是，在女儿长大成人的这 20 多年里，缺席了她人生中的许多重要时刻。"高中的时候她胳膊上长了一个血管瘤需要做手术，我也只是抽空过去看了一眼。这么多年来，我也只为她参加过两次家长会，一次是小学一年级开学，一次是高考后填报志愿。"

"女儿小时候常跟妈妈抱怨，我对水稻比对她还亲。可是，我何尝不疼爱自己的孩子，又何尝不热爱脚下的这片土地？"聂守军也湿了眼眶。

欣慰的是，随着年龄增长，女儿聂鑫逐渐对父亲多了份理解。2015年高考后，她填报了爸爸的母校东北农业大学，聂守军嘴上虽没说什么，却偷偷躲出去流下了眼泪。

2020年，聂鑫考取了华中农业大学的硕士研究生，前不久又决定攻读博士学位，准备从事农业科研事业。与此同时，聂守军也有了新的科研目标，那就是继续开展种质资源的创新和保护利用，还要进行耐盐碱品种的选育工作。

2022年元旦假期，聂守军给远在千里外的女儿发了一条信息："'把论文写在大地上，把成果留在农民家'，甘愿做一粒扎根泥土的种子——这当是我们父女俩不变的初心，爸爸与你共勉。"

（郝迎灿，《人民日报》2022年1月19日）

学人小传

聂守军：1969年生，黑龙江省农业科学院绥化分院水稻品质育种所所长、研究员。承担国家重点研发计划等项目及课题20余项。参加工作20余年来，和团队选育出以"绥粳18"为代表的一系列优质、抗逆、广适的水稻新品种，累计推广面积达1.4亿亩。2021年被评为全国优秀共产党员，参与的合作项目"水稻遗传资源的创制保护和研究利用"获得2020年度国家科技进步奖一等奖。

为奉献科研的精神点赞

　　女儿笔下是"农民"，同事口中是"聂所长"，农民嘴边是"聂水稻"，其中聂守军最珍惜的称呼还是"聂水稻"，只因他心中揣着一个朴素的信念——要让农民用上好种子，种上优质水稻，过上幸福日子。

　　多年奋斗，承载着聂守军对水稻育种事业的浓浓深情。种质资源有限、技术条件落后，科研环境艰苦，反而激发了聂守军身上的干劲。早出晚归、顶风冒雨，他带领团队几十年如一日地扎根田间地头，选育出一系列优质、多抗新品种，志在让中国人的饭碗牢牢端在自己手上。如今，聂守军依旧坚守在科研一线，用汗水浇灌脚下的热土，孕育出一片片丰收的稻田。我们要为这样的科学家精神点赞！

　　　　　　　　　　　　　　　　吴　凯

严玲：
研发海工钢　瞄准国产化

　　老一辈的藏蓝色鞍钢工作服穿在了小时候的严玲心里，就再也没有脱下。

　　从系列精轧螺纹钢筋，再到海工钢、耐蚀钢，她一路稳扎稳打，不畏清苦、不怕寂寞、不惧艰险，为了"钢铁强国"的梦想夜以继日，不辞辛劳。望着父辈们身影感叹的小女孩已然已是顶天立地的巾帼英雄。

研发系列精轧螺纹钢筋，
被用于三峡大坝岩体锚固等国家重大工程

"我父母每次出门都穿上藏蓝色的工作服。即使是每周仅有的一个休息日，他们也常常在单位加班。"这是儿时的严玲对父母最深的印象。然而，逐渐长大的严玲慢慢体会到了父母工作的辛苦，也深深地理解了老一辈鞍钢人的奉献精神。

"从新中国成立初期到社会主义建设时期，不断涌现的鞍钢典型，激励着我不断学习和前进。"在填报大学志愿时，严玲义无反顾地接过父母手中的接力棒，把金属压力加工专业作为第一志愿。

1994年，严玲以优异的成绩毕业。她本来可以到大城市工作，但她毫不犹豫地选择了鞍钢，"我要像父辈一样扎根鞍钢，奉献所学，助力实现钢铁强国梦。"进入鞍钢后，严玲从轧钢车间的一名普通技术员做起，在热火朝天的轧钢生产线上，虚心地向工人师傅们请教。机器坏了，她就研究如何修理；数据缺失，她就连轴转地查找原因。工人师傅们都很佩服她，"这个小姑娘，爱看书、好钻研、不娇气、能吃苦，有股子拼劲儿！"

凭着扎实的理论基础和丰富的实践经验，1997年，严玲正式投入到钢铁材料新产品开发中。6年时间里，从初轧、大型、小型、无缝到线材、厚板，她几乎跑遍了鞍钢各产线。她首次参与的研发项目，就在业界引发不少关注。"我和团队在国内率先研发的系列精轧螺纹钢筋，被用于三峡大坝岩体锚固、路桥建设等国家重大工程，这让我备受鼓舞。"严玲自豪地说。

是什么样的力量促使她能静下心来搞研究？严玲说："每一个鞍钢人都有着一个'钢铁强国''钢铁报国'的梦想。当你穿上这件工装，心中就自然生出一种责任感。"

实现船用耐蚀钢首次国产化，牵头制定 6 项国家行业标准

"在接触了海工钢的设计与研发后，我逐渐发现，我国在海工钢研究领域还有很多技术空白。"向海洋用钢材料领域深处探索的"种子"在严玲心中萌发，"空白意味着未知，也意味着有更多可能。"

2011 年，国际海事组织将油船用耐蚀钢作为唯一的替代涂层防护方案，并纳入强制执行标准。当时，只有一家国外的钢企能够生产这种钢材。严玲认为："如果再不自主创新，不开发出关键核心技术，咱们的造船产业将会遇到很大困难。"于是，鞍钢马上开展耐蚀钢生产关键技术攻关，并将这一重任交给了严玲。

"那时，国内在货油舱用耐蚀钢的材料体系、生产技术等方面都是完全空白，没有任何资料可查，也没有任何经验可借鉴。有人说，我们的项目是'不可能完成的任务'。"严玲从基础研究入手，探索出全新的耐蚀成分体系及与关键特性相匹配的制造工艺，最终突破了国外技术壁垒，成

功开发出系列油船用耐蚀钢板，造船工艺性和各项性能指标显著优于国际同类产品，并通过了多国船级社认证，实现了船用耐蚀钢的首次国产化。

"建设'钢铁强国'，关键核心技术是要不来、买不来、等不来的。"严玲回忆，2013年，我国计划建造超深水钻井平台——"蓝鲸一号"，并提出设计寿命25年、能够承受12级风浪等标准。这就需要一种超高强度钢，然而当时国内没有钢企能够生产符合要求的产品，国外进口则价格高，供货时间无法保障。接到任务后，严玲带领团队迅速开展科研攻关，虽然历经了一次次失败，但最终成功研发出这一产品的生产技术。

为实现"国船国材建造"，鞍钢组建了"海洋装备用金属材料及其应用"国家重点实验室，严玲暗下决心："我们的科研要始终瞄准国家需求。一定要发挥平台作用，为鞍钢海工用钢研发插上腾飞翅膀。"7年来，严玲带领团队在国内首次开发出货油舱用耐蚀钢、大型集装箱船用止裂钢、极地船舶用耐低温钢、超深水钻井平台用高强钢等多个系列高性能海洋装备用高端产品，牵头制定国家行业标准6项，保障了我国先进海洋装备用关键材料的自主可控。

不怕苦不怕累，深入生产一线验证产品性能

"搞技术绝不是闭门造车，必须到现场，真正把理论知识与生产实际紧密结合起来，努力掌握更多实践经验，才

能练就过硬本领。"从入职鞍钢第一天，严玲就主动申请下到生产一线。后来搞研发，她更是以身作则带团队，与生产一线人员并肩作战。

"对于我们搞科研的人来说，生产到哪，我们就必须跟到哪，这才能确保随时根据现场情况做出调整。"至今，严玲仍深深记得师傅徐建国"搞科研必须深入一线"的教导。"只要有试验，无论多晚，师傅都会带着我们跟踪每一块新研发钢板的生产过程，研究每一个技术参数。"严玲回忆说。

在研发集装箱船用高强超厚止裂钢时，她和研发团队成员接连几周进行 24 小时"跟钢"试制，每天早上七八点钟到现场，第二天早上七八点钟离开，几乎不眠不休。为了找出性能波动的原因，她和团队成员用两个多月，摸排了全流程的所有关键工序和几十个工艺参数，反复对比分析，"那段时间，连做梦都梦到在看钢板内部的组织照片。"严玲笑着说。

在一线虽然很累，但相比之下，油船勘验才是集苦脏累险于一身的工作。在 200 米长、40 米宽、十几层楼高的庞然大物里，沿着不足一尺宽、几乎与地面垂直的竖梯下到甲板 20 多米深处，对十余个货油舱挨个勘验，累和险自不必说，更伴有刺鼻的油气味，每次勘验下来严玲都汗流浃背、满身油污。

"要经得住清苦、耐得住寂寞，在研发每一项新产品的背后，都是科研人员和生产一线人员共同努力的结果。""大庆 435 号"服役的 3 年时间里，严玲多次只身前往南方偏远的修船小岛进行现场勘验。一次，由于靠泊维修的工期紧，只有一天的勘验时间。由于航班延误，她晚上11点多才落地。为了赶上勘验，她独自连夜乘出租车100多公里赶往码头，接着又坐上凌晨2点的接驳船。赶到现场后，她来不及休息，马不停蹄地在舱室内各个部位进行数据采集、检测分析。

正是凭着严玲的执着和坚韧，鞍钢获取了船用耐蚀钢第一手的宝贵资料，并通过制定"原油船货油舱用耐腐蚀钢板"国家标准，填补了国内相关领域空白。

"作为教授级高工，从坯料装炉加热、轧制、热处理，再到划样、剪切，严玲在产线的每一道工序都留下了忙碌的身影。她经常跟一线工人探讨技术细节，共同研讨轧制步骤。这是一条产线，更是严玲的'战场'。"鞍钢股份中厚板事业部轧钢首席专家田宇说。

（原载《人民日报》2023年5月13日）

学人小传

严玲：1971年生，教授级高工，现任鞍钢集团钢铁研究院海工用钢研究所船用钢研究室主任，"海洋装备用金属材料及其应用"国家重点实验室学科带头人，中国船级社材料与焊接技术委员会专家，中国造船工程学会船舶材料学术委员会委员。从事科研工作25年来，她先后承担国家863计划、"十三五"国家重点研发计划等重大科研攻关项目40多项。主持研发九大系列200多个船板海工品种，形成20项独有关键技术。曾荣获全国五一巾帼奖章、中央企业优秀共产党员等荣誉。

敢闯敢试　持续攻关

　　严玲将科研方向瞄准国之重器，勇攀钢铁科技高峰。她二十多年如一日，扎根鞍钢、奉献所学、持续攻关，攻克了多项"卡脖子"技术，解决了我国海洋工程建设和建造各种超大型船舶急需的特种高端钢材的相关技术难题，为我国海工钢从跟跑到并跑再到领跑、为加快建设海洋强国做出了突出贡献。

　　她秉承严谨的科学态度、敢闯敢试的勇气、拼搏进取的精神，信守"做一件事就要力争达到最理想的结果"的承诺，体现出科研工作者的职责坚守和不懈追求；她始终以服务国家战略为己任，努力挺起中国制造的"钢铁脊梁"，勇于担当、攻坚克难，展现了当代中国科研人员的志气、骨气和底气。

　　她的奋斗经历，是中国科研人员奋力拼搏的缩影。

刘洪超

姜妍：
设计我们自己的乙烯压缩机

　　"我们的客户，每家的要求和使用情况都不太一样。这些年，我基本跑遍了全国所有的乙烯压缩机用户现场，只要使用了我们生产的压缩机，我都会到实地去了解情况。"想要面对面采访姜妍并不容易，而她发给记者的一份出行记录显示，仅2022年前8个月，她就走了40多个城市，总里程超过29万公里。

　　正是这样一位风风火火的女工程师，带领团队成功研发设计了我国第一台自主知识产权乙烯压缩机、第一台百万吨级乙烯压缩机，为中国石化装置安上了"中国芯"。

跟着老工人师傅入门，
7 年多记录 10 多本技术参数笔记

1997 年，从原沈阳化工学院毕业后的姜妍来到了沈阳鼓风机厂工作。工作伊始，她并没有被安排到压缩机设计部门这样的重要技术部门，只是从事简单的压缩机配套工作。

"我不如别人聪明，必须'笨鸟先飞'。"姜妍回忆。于是，她每天总是第一个来到单位，打扫好工位，拿出笔记本，为一天的工作做好充足的准备。"带我入行的老师傅们虚心的工作态度，无私奉献、勤恳朴实的品质，深深地影响了我。"姜妍告诉记者，为了赶工期，大家劲往一处使，相互帮助。班组里不少熟练的老工人把自己的活儿干完了就去帮助新工人，大家伙一起把当天的任务彻底完成后才下班，绝不拖延。"每次工作完成后，大家一起收拾工作台、整理各种工具，为明天的工作做准备，那是一段难忘的日子。正是这段经历教会了我严谨、细致和认真，激励着我不断努力，勇于突破、攻克难关。"姜妍说。

就这样，利用 7 年多的时间，姜妍每天跟着老工人师傅认真学习，光是记录各种技术参数的笔记本，就足足有 10 多本。"即便工作再简单，我也没有感到丝毫的枯燥和乏味，那些积累的资料反而为我以后的研究工作，打下了坚实可靠的基础。"姜妍回忆。

白天奔波于各大炼化厂，晚上熬夜改图纸，成功设计我国第一台自主知识产权乙烯压缩机

"压缩机一响，黄金万两；压缩机一停，效益为零"。压缩机，被称为乙烯生产设备的"心脏"，而乙烯这个占据石化产品70%以上的化工品，是衡量一个国家石油化工发展水平的重要标志之一。然而一段时间内，由于缺少乙烯压缩机的研发技术，我国只能租赁和购买国外设备，每年支出高达50多亿元。

2006年，沈鼓集团承担了研制乙烯压缩机的任务。"刚接到任务时，来不及多想就投入到了研究工作中。"姜妍回忆，当时，摆在她面前的困难有很多：国内的相关资料几乎为零，国外技术层层封锁。但她从没有想过打退堂鼓，从黑龙江到广东，从辽宁到福建，刚刚三十出头的姜妍每天奔波穿梭于各大炼化厂，吃力地爬上几十米高的进口乙烯设备台，认真记录设备的外观结构和运行情况；晚上她又熬夜整理数据和资料，一点点改进设计图纸。每天睡眠时间不足5个小时，300多份图纸像小山一般堆满工作台，电脑屏幕上的数据密布排列，一旁的饭菜从温热到冰冷也顾不上吃几口。

设计、试车失败、修改、再失败、再修改……直到2010年1月8日，姜妍设计的45万吨乙烯压缩机试车成功，实现了我国乙烯压缩机领域零的突破。随后，她一鼓

作气，带领团队又成功设计了百万吨级乙烯压缩机，彻底终结了我国乙烯压缩机长期依赖进口的局面，使我国成为世界上少数几个具有百万吨级乙烯压缩机设计制造能力的国家之一。

踏踏实实潜心钻研，在设计一线见证技术进步

党的十八大以来，沈鼓自主研发的重大装备再创辉煌：成功研制了西气东输长输管线压缩机、用于航空航天试验的大风洞压缩机等一大批重大装备；姜妍也主持设计了中海油壳牌 120 万吨 / 年乙烯装置用压缩机组。这使我国成为世界上极少数具有百万吨级乙烯"三机"（乙烯机、丙烯机、裂解气压缩机组）设计制造能力的国家。

"国之重器，不立于自身，不掌握核心技术，就会受制于人。在 70 多年的发展历程中，沈鼓人始终将自主创新作为立身之本，压缩机项目的成功研发，正是得益于这种坚守。"姜妍感慨，25 年来，她从一名普通的技术人员成长为高级工程师，在设计一线见证和全程参与了沈鼓的技术进步。这其中让她印象最深刻的便是"创新"这个词。

在沈鼓有个"铁规矩"，那就是研发经费和员工培训经费"两个经费不得削减"。而以院士工作站、博士工作站、沈鼓研究院、沈鼓大连理工研究院等为主体的"两站三院五中心"技术研发体系，形成了特色鲜明的产学研联合新模式，拥有 1600 多人的研发队伍，企业科研实力、产品试

验和检测水平均处于国际先进水平。

"当下，国家十分重视科技创新，每当听到有高新技术被研发出来，那种兴奋感和幸福感无以言表。现在正是科技创新大发展大繁荣的好时候，对于基层工作者，能踏踏实实潜心钻研，为加快建设创新型国家做出自己的贡献，也是个人价值的体现。"姜妍说。

（原载《人民日报》2022年9月7日）

姜妍：1973年生，现任沈阳鼓风机集团股份有限公司设计院副总工程师，教授级高级工程师。设计我国第一台自主知识产权乙烯压缩机，还主导设计多个项目的国产化超低温压缩机。曾获得全国道德模范、全国优秀共产党员、全国五一劳动奖章、全国劳动模范等荣誉。

持续深耕　终有所获

在采访过程中，姜妍给记者分享了这样一则故事：在相隔10多年参观同一家企业时，一名磨焊缝的工人仍坚守在同一个岗位上。她觉得，作为一名科研工作者，就需要这种坚守和踏实的精神，要能静得下心、沉得住气。

姜妍的硕士研究生导师曾这样评价她："在我的学生里，她可能不是理论功底最扎实的一个，但却是学习态度最好的一个。她求知若渴的劲头，谁都比不上。"在姜妍看来，科研攻关最重要的品质就是踏实。踏踏实实做实验、一个一个记数据，这些看似枯燥无味的工作，却能为研究打下坚实基础。

像姜妍一样，一线科研工作者们的研究之路虽然很艰辛、会遇到不少挫折，但只要坐住冷板凳、下得苦功夫，持续深耕钻研，终究会有所收获。

刘洪超

张信荣：
打造冬奥历史上"最快的冰"

　　"要经常问自己，什么是最重要的事；一旦确定了，就坚持不懈地努力，笃定前行。终有一天，你会与所追求的目标不期而遇。"在北京大学工学院 2022 年研究生毕业典礼上，张信荣作为教师代表向毕业生寄语。这样的话语，与他的科研经历有关……

走进张信荣的办公室，记者看到，书柜里两份红色的聘书十分醒目：北京 2022 年冬奥会工程建设领域专家、国家速滑馆二氧化碳跨临界直冷制冰系统专家。

距离这里 10 公里外，便是被称为"冰丝带"的国家速滑馆。这是世界上首座采用二氧化碳跨临界直冷制冰系统的大道速滑馆，不仅硬件一流，制冰技术也是世界领先，实现了低碳化、零排放。那里也是张信荣倾注了大量智慧与心血的地方。

"20 年前，也是这样的一个下午，我开始了对二氧化碳的研究。"在办公室里，张信荣打开了话匣子，向记者讲述了自己的科研经历。

"用二氧化碳做能量载体，打造出了'最快的冰'"

北京冬奥会期间，参赛运动员在国家速滑馆 13 次刷新奥运纪录，其中 1 次打破世界纪录。"用二氧化碳做能量载体，打造出了'最快的冰'。"这让张信荣更加确信，几年前自己的建议是正确的。"走老路还是走新路？沿用传统方法当然可以，但我们要努力创新。"

2016 年 9 月，一场关于北京冬奥会冰场制冰方法的研讨会在首钢园区举行。"当时，我建议使用二氧化碳制冰。"张信荣说。往届冬奥会大多使用氟利昂、氨等作为制冷剂制冰。但氟利昂等会破坏臭氧层、排放大量温室气体，还有爆炸危险；氨则具有一定的毒性和易爆性。经过反复论证，张信荣的建议被采纳。

当时，国内还没有采用这一技术的冰场。"二氧化碳是很好的能量载体，就像大自然能量的搬运工。"谈起技术创新之处，温和内敛的张信荣一下子话多了起来。他拿起纸笔，画起示意图：通过冰层下的管道时，液态二氧化碳蒸发吸热，将水制成冰；吸收热量的气态二氧化碳在高温高压下冷凝，释放的能量又可用于场馆供暖、除湿等。"直冷"则意味着不使用冷冻液，直接用二氧化碳制冰。由于二氧化碳在相变过程中温度不变，保证了冰面的温度均匀、硬度一致，有利于运动员滑出好成绩。

据了解，使用相同数量的传统制冷剂（以普遍使用的R507为例）的碳排放量，是二氧化碳制冷剂的3985倍。而且，与传统制冷方式相比，采用二氧化碳制冰能效将提升30%，一年可节省约200万度电。

"采用二氧化碳替代氟利昂，符合'绿色办奥'的理念。"张信荣说，"作为科研工作者，面对国家重大需求，我们责无旁贷。"

"未来，二氧化碳发挥作用的应用场景会越来越多"

"最初，'盯'上二氧化碳是个偶然。"张信荣回忆，20年前的一个下午，出于对二氧化碳发电问题的兴趣，他在办公室建模型、计算超临界二氧化碳的发电效率。"计算结果让我很惊喜！"走出办公室时，已是深夜。

不过，新的技术路径往往意味着更难走。"我们失败过很多次，但坚守的东西一直没有改变。"张信荣说。

2003 年，当时还在海外工作的张信荣提出了二氧化碳跨临界发电的热力学循环问题。当时，水蒸气发电等仍占主导地位，他的新观点遭遇了挫折。"我的一些研究文章多次被拒稿，等了好几年才发表出来；有时在国际会议上做报告，听众也寥寥无几。"

"我始终认为，科研选题要具备科学上的重大意义和潜在的实用价值，二氧化碳的研究及其利用正是这样的选题。"张信荣的坚持没有白费。随着科技的发展和国家对能源和环保的日益重视，张信荣的主张渐渐得到更多支持。2007 年，张信荣回国后，在国家自然科学基金等项目的支持下开始从事超临界二氧化碳基础理论研究。"回国 10 多年来，我真切地感受到了国家的发展和变化，我们的研究和相关应用有了更广阔的空间。"

张信荣说，如今，二氧化碳已在多个领域得到应用。"未来，二氧化碳发挥作用的应用场景会越来越多，涉及冷、热、电等应用场景。"

张信荣的办公室墙壁上，挂着一个飞镖盘。工作之余，他常常站在那里休息，屏气凝神，瞄准靶心，掷出飞镖。"做科研正如掷飞镖，一定要有明确的目标。不管顺境、逆境，都要始终坚守。"张信荣说。

"每个学生都像一块璞玉，
需要发现的眼光和精心雕琢"

采访中，张信荣谈得最多的，一个是科研，一个是学生。

张信荣从书柜里拿出两张获奖证书，自豪地向记者展示。近年来，他指导的多篇学生论文被评为优秀博士学位论文，这是他很珍视的荣誉。每个学生的个性、特点、优点，他都再熟悉不过。

张信荣在教书育人上投入了很大精力。"这与导师对我的教导有关。"在清华大学读博期间，张信荣师从中科院院士过增元教授。老师的言传身教，让他深深地懂得了师者的责任之重。

"过先生已经80多岁了，至今依然坚守在科学研究前沿。"张信荣说，科研遇到困难时，是导师给了他坚定的支持和悉心指导。"导师对学生的影响是长期的。我觉得，教书育人是世界上最神圣的工作之一，也是最难的工作之一。每个学生都像一块璞玉，需要发现的眼光和精心雕琢。"

2022年毕业的博士研究生王冠邦曾参与生鲜农产品超级冷链研究项目。实验期间，他在北京昌平区的超级冷链蓄冷传热实验室一待就是一个多月。这样的忘我和投入与张信荣的教导息息相关。

"还记得我写的第一篇英文论文，张老师修改的内容比我写得都多！从图表数据到词汇语法，逐字逐句地修改。"

晋立丛是张信荣指导的第二届博士研究生，如今在清华大学从事科研工作。"严谨、认真，是张老师教给我的科研第一课。"晋立丛说。

眼下，张信荣正带领学生们继续着科学探索。"对做科研的人来说，每一天都是一个新的开始，每一天都要努力。我们的脚步一直没有停下来。"开展二氧化碳高效冷热供应技术应用等研究，为本科生和研究生讲授工程热力学和新能源技术课程，在校内外做学术报告……张信荣每天的工作安排都是满满的。

"二氧化碳研究利用是个新兴领域，刚刚开始，还有很多艰巨的任务需要我们去完成，接下来的每一步都很关键。"张信荣说，他的选择依然坚定："搞科研，就要走新路走难路。把精力放在科研和教学上，放在国家重大需求上。"

（原载《人民日报》2022 年 7 月 11 日）

学人小传

张信荣： 1973 年生，北京大学工学院教授、博士生导师，天然工质热力学循环及其传热传质领域研究者，致力于多项天然工质二氧化碳发电、制冷和制热热力学循环研究。2017 年起先后被聘为北京 2022 年冬奥会工程建设领域专家、国家速滑馆二氧化碳跨临界直冷制冰系统专家等。

记者手记

坚守科学精神　追寻科学价值

　　坚守，是张信荣在采访中提到最多的关键词。对于他而言，如果说对二氧化碳的研究始于"偶然"的灵感，那么，将灵感变为科研成果，则在于对科学价值的追寻和对科学精神的坚守。

　　面对漫长的探索期，要肯下"板凳坐得十年冷"的苦功夫；面对层出不穷的热点问题，要做到"每临大事有静气"，不盲目追逐；面对烦琐复杂的工作，要取舍有度，将精力聚焦在最重要的科研目标上。

　　正如张信荣所说，只要科学家聚焦真问题，持续努力，成果就会水到渠成；面对重大的科研任务，就会更有底气、更有信心、更有力量去完成。

赵婀娜　吴　月

彭慧胜：
让显示器件像衣服一样"穿"在身上

　　将显示器件像衣服一样"穿"在身上，人们可能会觉得很科幻；但对复旦大学高分子科学系主任彭慧胜教授而言，这个场面正是他的科研方向——高分子纤维器件领域。如今，他带领团队经过15年攻关真的做出来了！

　　年复一年，彭慧胜潜心攻关，把普遍认为不可能实现的纤维电池高性能化及应用做出了创新与突破。

　　2022年，彭慧胜所在团队实现的柔性显示织物及其智能集成系统入选"2021年中国光学十大进展"基础研究类；其实现的高性能纤维锂离子电池规模化制备入选"2021年中国十大科学进展"。

大学四年：他有三个暑假在图书馆度过，阅读大量文史哲经典，打下人文基础

近些日子，彭慧胜一直待在复旦大学江湾校区实验室里，指导学生科研……

"科研时间十分宝贵，再苦再难也不能停。可能因为我经历过更加艰难的时刻吧。"彭慧胜说的"艰难时刻"，是2005年，他在美国留学期间，经历了卡特里娜飓风，整座城市被淹，学校停发奖学金；之后近一年，他都过着颠沛流离的生活，科研时断时续。

彭慧胜青少年时期成长于湖南邵阳山区，记忆最深的是每天早起从池塘里舀水浇灌稻田，放学回家在锅里找剩饭和锅巴。清苦的日子，父亲带回来的散文和诗集，便是犒赏彭慧胜的精神大餐。通过读书，他梦想着有朝一日能走出大山……

通过高考，1995年，彭慧胜来到中国纺织大学（现东华大学）报到，就读心仪的高分子材料专业。他发现学校离上海图书馆不过3公里，心里高兴极了！大学四年里，他有三个暑假都在上海图书馆度过，每天兜里揣两个馒头和一瓶凉白开，在图书馆开门前到，闭馆时离开；他阅读了大量文史哲经典，为日后走上科研之路打下了人文基础。

"除了学习自然科学知识外，科研不只是在实验室里做实验，还要有哲学、科学史等方面的思维训练。"彭慧胜说。

时至今日，他仍保持着每年读 20 多本人文社科类书籍的习惯；他为学生们开出的必读书单里，包含几十本哲学、科学史名著。

读研期间：他有时索性就睡在实验室里，是出了名的实验室"居民"

系里师生都知道，彭慧胜是出了名的实验室"居民"。2000 年，他到复旦大学读研究生，导师问他愿不愿意做阴离子聚合，"这个工作不能发论文，但可以为后面的研究提供基础材料"。当时，阴离子聚合合成出的嵌段共聚物主要从国外购买，一克就要好几千元。

彭慧胜二话不说就接了下来。半年里，他不知做了多少实验，大多失败。早上 8 点进入实验室做到下午，失败了从头再来；实验室晚上 10 点半关门，但他的实验不能停，索性就睡在实验室里。

半年后，彭慧胜第一次成功实现阴离子聚合，合成出嵌段共聚物；他进阶到高分子自组装研究，开始发表系列论文。

研究生阶段科研的顺利开展，让彭慧胜对继续深造充满信心。通过参加国际学术会议，他遇到了 2000 年诺贝尔化学奖获得者——高分子材料领域的三位科学家；尽管英语说得磕磕巴巴，但他鼓起勇气介绍自己的科研情况；三位科学家欣然同意，为他的留学申请做了推荐。

　　彭慧胜以为，读研期间发表的多篇论文，加上三位科学家的推荐，一定能让他获得名校的垂青，但连续几份申请递出去，却都杳无音信……一位评审老师告诉他，原来他们认为这种找名人加持的行为有失科研工作者严谨治学的风范。

　　彭慧胜恍然大悟，他没有放弃，继续寻找机会；终于利用在国际会议上做墙报交流的机会，获得一位教授的认可，获得出国深造的机会。2006年，饱受飓风之苦的彭慧胜，凭着出色的科研成绩取得博士学位顺利毕业。同年10月，他获得在美国一家条件顶尖的实验室工作的机会。

　　在这里，他接触到了此前从未涉足过的碳纳米管研究。他当时无意听到：如果电池材料都做成像布料一样柔软，是不是就可以避免探测器着陆星球表面时产生的磕碰了？很多年里，电子器件都朝着微型化、柔性化、集成化方向发展，学界主流的研究是薄膜。但彭慧胜却不走寻常路，一头扎进纤维研究10多年，"做科研更需要不顾一切的勇气和丰富的想象力。"彭慧胜说。

回国之后：他定了三个目标
——完成1项重要科学发现、诞生10个系列产品、培养100名优秀人才

　　在美国工作两年后，彭慧胜决定放弃丰厚待遇，回到复旦大学。"科学无国界，科学家有国籍，我要回国的感情

和倾向是天然的。"回国后，彭慧胜就给科研团队定了三个"1"目标：完成1项重要科学发现、诞生10个系列产品、培养100名优秀人才。他认为，科研人员要设立远大目标，但科研工作要脚踏实地，一步一个脚印。

当时很多科学家认为，纤维电池的内阻随长度增加而增大，无法实现电池高性能化，更别说大规模应用了。面对传统观点，彭慧胜敢于挑战。他发现纤维电池内阻随长度增加，反而先降低后趋稳定，呈现独特的函数关系。他带领团队研制出20多种纤维器件，其中纤维锂离子电池具有优异且稳定的电化学性能，能源密度较过去提升了近2个数量级。他们还与产业界合作，建立了世界上首条纤维锂离子电池生产线，相关产品已应用于航天、高铁、汽车等领域。

博士后曾凯雯是近期驻扎在实验室的团队成员之一。这两年，他都在攻关某种高性能的全新材料。曾凯雯说，这项工作前期探索时间长，他在博士后阶段的论文产出并不高。能坚持在"无人区"里啃硬骨头，离不开导师彭慧胜的支持鼓励。"彭老师给了我宽松的科研环境，帮我解决很多难题，但从不给我设定发论文的指标。"

在彭慧胜眼里，教书育人与科研工作同等重要。2019年，他出版了一本书——《读研究生，你准备好了吗？》，从为什么要读研究生、如何选导师，到科研中如何与他人合作交流，再到未来的就业发展，用自己的心路历程为有志于投身科研的学生们解答了可能遇到的很多疑难困惑。

"教育的本质是一棵树摇动另一棵树，一朵云推动另一朵云。"对于这句话，彭慧胜深信不疑。"科学面前，永远做好奇的小学生。"彭慧胜说。

（原载《人民日报》2022年7月28日）

学人小传

彭慧胜：1976年生，湖南省邵阳人，复旦大学高分子科学系教授、系主任，国家杰出青年科学基金获得者、国家有突出贡献中青年专家，曾获中国青年科技奖、国家自然科学二等奖等荣誉。带领团队深耕高分子纤维器件领域，率先创建出织物显示器件，让织物显示器件像衣服一样轻薄、透气、可贴合在不规则基底上。其团队实现的柔性显示织物及其智能集成系统入选"2021年中国光学十大进展"基础研究类；实现的高性能纤维锂离子电池规模化制备入选"2021年中国十大科学进展"。

尝过"苦"才能品出"甜"

采访中，彭慧胜多次提到"科研时间"的宝贵，他一直强调要把时间投入到有价值、有意义的科研事业中。从学生时代开始，他就格外珍惜光阴。高考后，彭慧胜立刻投身自己热爱的专业潜心学习，打牢科研基本功。在他看来，科研的意义就在于探索未知、蹚出新路，而不是重复别人走过的路。

科研历程并非一帆风顺，经历挫败后，他更加懂得，研究来不得半点心浮气躁，必须脚踏实地。彭慧胜常说，科研像一盒苦涩却能久久回甘的巧克力，尝过科研的"苦"，才能品出科研的"甜"。对于科研工作者而言，只有耐得住寂寞，坐得住"冷板凳"，才能向着心中的远大目标不断靠近。他自己这么做着，也这么教诲着学生……

黄晓慧

董佳家：
合成化学是简单好用的工具

  人工合成化学分子是药物开发的主要手段。自 2000 年"点击化学"概念提出以来，直到该领域成果在 2022 年获得诺贝尔化学奖，"点击化学"才真正迎来了春天。

  上海交通大学转化医学研究院教授董佳家十几年来潜心探寻"点击化学"新的实现路径、拓宽应用领域。他带领团队探索出"模块化的点击化合物库"方法，可以低成本、高适用性、极高通量地合成成药性的化合物并直接进行生物活性筛选，在药物研发领域拥有广阔前景。

科学发现往往就在不放弃的万分之一机会里

董佳家的办公室，狭小而零乱，但两面独特的卷帘能够把访客一下子就带进化学的世界。一面卷帘上印着世界上最畅销的前 200 种处方药分子结构图，另一面则是世界上销售额最高的 200 种药物分子结构图。

"你看这张畅销处方药榜单，很多是很便宜而且能够真正造福人类的药，我经常和学生们说，要合成最畅销的药物化合物，而不是那些昂贵的、老百姓用不起的药物化合物。"一张面带微笑的娃娃脸，让 44 岁的董佳家看上去仍像个大男孩，谈及晦涩难懂的合成化学，他神采飞扬，就像在描述一个新奇而有趣的世界。

中学时，董佳家就对化学产生了浓厚的兴趣。就读于湖南师大附中理科实验班的董佳家，凭借在全国高中学生化学竞赛中的优异成绩，被保送至厦门大学化学系。本科毕业后，他又被保送到上海有机化学研究所攻读硕士、博士学位。博士毕业后，作为高级专家加入白鹭医药技术（上海）有限公司，他参与研发的糖尿病新药也获批进入临床试验阶段。

2009 年，董佳家加入了美国斯克利普斯研究所夏普莱斯课题组。当时，该课题组正在寻找比第一代"点击化学"链接模式中更有趣、在生命科学中有更大用途的合成反应，课题组选中了非常稳定的化合物——磺酰氟。研究过程中，先后有十几名博士后都在这个课题上失败了。"聪明人都跑了，只有我傻傻地坚持。"董佳家笑着回忆。

在研究磺酰氟的3年里，董佳家曾十分迷茫，甚至每天都有放弃的念头。不被同行认可，看不到前景和回报。可是，每次他都坚持了下来。他搜集到的文献，足以写出一本厚厚的论文。

终于，这样的坚持打开了一个美妙的新世界。2012年12月26日深夜，董佳家和同事在实验室里发现了被活化的磺酰氟，并在此基础上发现了"六价硫氟交换反应"。此后又经过了两年、几十次修改，一篇以董佳家为第一作者的第二代"点击化学"理念奠基性论文公开发表。

"有无数个理由足以让你放弃，但真正原创性的科学发现往往就在不放弃的万分之一机会里，科研拼到最后拼的是心态和毅力。"经过在夏普莱斯课题组6年的磨砺，董佳家对科研的理解更为深刻——独立思考、乐观地拥抱"不确定性"、享受探索未知的过程。

搭建开放型"点击化学"合成化合物库，让药物研发有更多合成药物分子的"魔术扣"

2015年3月，受到时任中科院上海有机所所长丁奎岭院士的邀约，董佳家回到有机所组建自己的科研团队。"我的学术生涯是从有机所起步的，当我可以开展独立研究的时候，我应该回到这里。"

事实证明董佳家的选择是正确的。在上海有机所的大力支持下，再加上我国在硫氟化学上的资源优势，董佳家团队获得了"点击化学"至关重要的原料——四氟氧化硫。

在生产环节，董佳家与相关公司合作，经历一年多时间，摸索出了一条新的工艺路线。"这件事让我们看到，背靠着我国丰厚的化工资源，只要开发利用好，未来在化学生物学、药物化学、材料化学上将大有可为。"董佳家说。

此时，董佳家更加坚定了要在硫氟化合物上迭代提升"点击化学"的想法。然而，"点击化学"的"关键卡扣"化合物叠氮和端炔都有缺点。端炔缺乏多样性，不容易"安装"在有机分子上，很难大规模合成。"就好比乐高玩具盒里，积木个数少、接口有限，因此拼不出多种样式的造型。"董佳家举例说。

在探索过程中，董佳家团队意外获得了十分罕见而且合成困难的化合物"氟磺酰基叠氮"，进而发现"氟磺酰基叠氮"在室温下，几分钟就能将化合物中的一级胺官能团极高选择性地变为叠氮官能团，有机分子装上叠氮后马上与端炔相连，短时间内就能完成连接。这不仅意味着"点击化学"又增加了一种新型的反应过程，而且能够高通量、多样性地合成"点击化学"急需的高能积木砌块。

看似偶然的重大发现，其实是长期坚持和敢于探索的结果。因为曾参与创新药研发，董佳家努力探索"点击化学"在药物研发中的应用。"在我看来，化学就是造工具的学科，我们希望搭建一个开放型的'点击化学'合成化合物库，帮助药物研发人员更加快速而准确地找到药物的苗头化合物"。在上海有机所的支持下，董佳家团队将叠氮砌块的数量推进至5000个以上，让药物研发有了更多合成药物分子的"魔术扣"。

2022年3月，董佳家转到上海交通大学转化医学研究院，继续推动"点击化学"在医学上的广泛应用。

鼓励好奇心、激发想象力，善于在科研中找到乐趣

因相关成果获得诺贝尔化学奖，让原本在国内化学界有些小众的"点击化学"一下子成了热门学科。作为国内为数不多从事"点击化学"领域研究的学者，董佳家受到了广泛关注，可他依然是那个热衷科普、爱踢球、善于在科研中寻找乐趣的科学工作者。

"科普的意义在于鼓励好奇心，考试得100分不如有好奇心。要让孩子们了解科学家的故事，从心里崇敬科学家、爱上科学。"科普占据了董佳家科研之外的大部分时间，他经常参加许多面向青少年的科普讲堂。

2022年11月，在第五届世界顶尖科学家论坛举办的"科学T大会"上，第一次参会的高一学生徐圣桀，却是第三次见到董佳家。上次与董佳家的交谈解决了徐圣桀试验项目中的一个困惑，最终试验成功了。这次，徐圣桀依然有不少问题想请教董佳家。

6年前，在读博士生郭太杰第一次见到了董佳家，觉得他特别亲近随和。"以前学的有机化学比较死板、教条，跟

着董老师学习经常能尝试一些新的实验、探索不一样的新事物。他总是告诉我们，要尊重经验，但不要预定具体目标，才更有可能有新的发现。"郭太杰眼中的董佳家乐观豁达、不拘小节，但在科研上却刻苦、严谨。凌晨三四点，学生们有时还会收到他发来的信息，往往是董佳家又想到了新的实验方法。

马天成是董佳家带的第一个博士生，每当实验遇到困难，他就会去请教董佳家。"要是那么容易做出来，肯定不是重大发现。"董佳家不要求他的学生一定要在顶级期刊上发表论文，但鼓励大家大胆想象、勇于实践。"董老师有丰富的想象力和旺盛的精力，所以他才能取得那么多成果，让合成化学成为简单好用的工具。"马天成说。

（原载《人民日报》2023 年 3 月 28 日）

 学人小传

董佳家：1978 年生，上海交通大学转化医学研究院教授，主要研究高价主族氟化物的反应性，并将该领域发现的新反应和新试剂应用于材料化学、药物化学、化学生物学等。发现六价硫氟交换反应和高分子量聚硫酸酯的合成方法，并参与开创第二代"点击化学"。带领团队发现第二个点击反应，并提出"模块化的点击化合物库"构建方法。其研究成果曾作为唯一一篇化学方面的研究论文入选国际学术期刊《自然》2019 年度十大杰出论文。2020 年 5 月，经国家自然科学基金委员会提名，获第二届全国创新争先奖。

科研路上贵在坚持

常言"大道至简",领悟科学"大道"却不是简单的事。董佳家在将有机合成化学化繁为简的科研过程中,经历过无数次失败,但他从未放弃,只想着如何把枯燥的科研做得"接地气"且有趣。他为科学甘坐冷板凳的坚持,建立在这样的科学认知上——笃信真正纯粹的科学是简洁而恒久的。

言谈中,记者总能感受到董佳家身上的科研工作者的乐观和自信,他与诺奖得主并肩探索、开拓全新的研究领域,用实际行动证明了中国的科研工作者也能做出引领世界的原创性成果。在我国致力于建设科技强国、努力拓宽国际科研合作的当下,尤其需要这份信心和勇气。

黄晓慧

缪峰：
在原子世界里"搭积木"

　　搭积木并不稀奇，但在原子世界里"搭积木"却令人难以想象。南京大学物理学院的一间实验室里，在一台改装过的显微镜下，博士生导师缪峰将石墨烯、氮化硼、硫化钼等透明的原子片层一层一层叠加在一起，如同一本薄薄的书。

"原子积木"有什么用？这是一个从原子世界出发，研发新材料，实现新属性和新功能的前沿领域。"单个原子太小，看不见也摸不着，将其组成一个片层就能看到。"缪峰说，把金属、半导体、绝缘体等不同类型的原子片层叠加起来，会形成新材料，拥有新属性，好比把苹果切片和柞果切片叠加起来，会得到一种全新的口味。

2022年9月，国际顶级学术期刊《自然》在线发表了缪峰团队在量子模拟前沿的最新突破——把两个石墨烯双原子层以旋转180度 +0.75度的角度叠加，施加一个垂直电场后，得到了一种全新的量子材料，并首次观测到量子"中间态"。这一创新成果，未来有望应用于人工智能硬件技术开发领域，改变人们的生活。

从小立志学习物理，
大学毕业后瞄准二维材料领域前沿

2004年夏天，南京禄口国际机场，看着儿子背起行囊出国留学的背影，缪峰的父亲不禁感叹：以后再想见到儿子怕是难了。但缪峰坚定地告诉父亲——自己一定会回来的。"我从小内心就比较笃定，知道自己喜欢什么、要做什么。"缪峰说。

缪峰，1982年出生于江苏省南通市海安县。小时候，父母工作忙，他就喜欢捣鼓制作一些小玩具，对生活中的电子产品都特别感兴趣。他曾将太阳帽上的电动小马达拆下来，安装到做好的小木船上，改造成电动船，跟小伙伴们一起玩。上小学时，他就把家里的电视机拆了，研究里面的电路板；雷雨天，家里的保险丝烧断了，每次都是他自己动手更换。

高中毕业时，父母想让缪峰报考医学院，但他毫不犹豫地填报了南京大学物理学系（现南京大学物理学院）。本科毕业后，他又按照自己的想法，出国攻读物理学博士学位，选择了当时还很少人关注的二维材料领域，围绕其基础物理性质开展研究。

二维材料是世界上最薄的材料，厚度仅有一个原子。"要在实验中获取这样薄的材料非常具有挑战性——需要用最锋利的'刀'才能'削'出来。在实验过程中，我和导师一起边干边学。"缪峰说。

博士毕业后，缪峰出人意料地选择到产业实践中锻炼自己。"我想换个视角，学会从产业发展的角度判断基础研究的价值。"缪峰说。

博士后阶段完成后，缪峰的同学和同事有很多都留在了国外知名高校任教，或者创业，但缪峰选择了回国，在2012年回到母校南京大学物理学院任教。

"这个决定其实早在8年前出国留学时就做出了，一直不曾改变。"缪峰说。

敢闯敢试，在基础和应用领域间"架桥"，攻关视觉传感器等项目

回到南京大学以后，缪峰按照自己所学的两个细分领域——二维材料基础物性和智能器件，分别招收学生和培养人才。这两个领域之间几乎没有学术关联，一个是从0到0.1的原创性基础研究，另一个是从1到10的产业化应用研究。但回国4年后，经过不断的探索，缪峰打算在这两个领域之间搭建起一座"立交桥"。

"我专门设立了一个从0.1到1的交叉方向，打破基础和应用两个方向之间的壁垒。"缪峰说，这样一来，基础研究方向的学生就会关注应用落地等实际需求，应用研究方向的学生也会关注基础领域的突破。一类新型的视觉传感器，就是这种"融合"的产物。

"人的眼睛之所以能一边看一边识别判断，是因为在视网膜上分布着不同的视觉细胞。特别是有一种特殊的双极细胞，当光线照进来时，它会将光转变为正负两种不同的电信号。"缪峰解释说，用"原子积木"拼成的新材料，如果能够模拟视网膜的双极细胞，实现对光的正负响应，就可能变得像人眼一样"聪明"。

从2017年开始，缪峰团队开始攻关视觉传感器的科研项目，其应用有望在智慧交通、智能安保等领域发挥重要作用。"目前，我们已设计出耐高温忆阻器、弹道雪崩探测

器、室温高灵敏红外探测器等几十种新型信息器件。从设计图纸到实验室原型再到生产线，实现初步应用一般需要三到五年。"缪峰说。

精神传承，引导学生志存高远，成长为对国家有用的人

在搭建"立交桥"过程中，缪峰得到了南京大学物理学院前辈邢定钰院士的支持。

"两个学科的融合发展，本身就很有挑战性——不能一头高一头低，否则会基础不牢；搭建'桥梁'更是难上加难——要修得平、跑得稳，不然难以成功。"缪峰说，他曾经对要不要选择最具挑战性的研究方向有些犹豫，但邢院士鼓励他："有新的方向就要去闯，搞科研不能怕失败。"

得知中科院的一个院士团队在二维材料原材料合成上有新技术，邢定钰牵线搭桥帮助双方开展合作，为后续研究提供了高质量的样品。

"读本科时，邢院士给我们上统计物理课，很多公式都是现场推导的。他对教学的严谨、对科研的执着，深深影响了我。"缪峰说，他从邢定钰院士年轻时留学的故事中，深深感受到了科研报国的热忱。如今，这份热忱，也通过缪峰传递给了更多年轻学子。

"国家发展需要科技实力的支撑，我们一定要志存高远，成长为对国家有用的人。"去年秋季学期的一次大会上，缪

峰向学生们讲起了自己和前辈的科研经历，"要有与全世界最好的团队赛跑、并跑，甚至领跑的决心，要有敢于攻克世界科学难题的精气神！"

入职10年，缪峰已带出近20名博士毕业生。学生们遇到科研难题，缪峰都会耐心地指导、帮助，有时甚至一起加班到凌晨，"我想告诉学生在关键环节不能后退，也想让他们知道，大家是一个团队，在学术道路上要一起携手奋斗"。

2014级博士生小高，面试时的表现不太好。"我原本拒绝了他，但他一次次表示很想加入我们团队，让我想起了年轻时的自己。"缪峰说，他被这份真诚与执着打动了。小高入学后，缪峰一直引导他将这份执着精神投入到科研创新上。

搭建一回"原子积木"，需要好几天不间断的工作，只要一步出错就要推倒重来。为此，小高晚上经常睡在实验室，力求把工作做到完美，读博期间就有了多项重要成果。"现在，小高正在国外做博士后，他学成后也将回国效力。"缪峰话语中透着自豪。

（原载《人民日报》2023年2月22日）

 学人小传

缪峰：1982年生，江苏海安人，南京大学物理学院教授、博士生导师、副院长，南京大学类脑智能科技研究中心主任。主要从事凝聚态物理、纳米电子学领域研究，具体方向包括二维材料量子调控研究、二维材料信息器件研究等。先后获得过江苏省双创计划、江苏省杰出青年基金、国家杰出青年科学基金等资助。2021年获中国物理学会"黄昆物理奖"。

学以报国是最大动力

采访中，记者印象最深的是缪峰谈及回国选择时说，那年在南京禄口机场，他并不是单纯地想安慰父亲，他在出国前就已下定决心，一定要回来。去，就是为了回。

一次次选择全新研究领域，一次次向科学高峰发起冲击，学以报国是他最大的动力。不能把搞科研仅仅当成是发几篇文章，那样对国家无益，对学科发展无益，他不愿那样做。缪峰经常对自己的学生说，要坚定学术理想，更要立足于国家需求、民生需求，要将个人成长同国家发展紧紧地联系起来。他是这样说的，也是这样做的。

姚雪青

李栋:
看清细胞更深处

  又是一个深夜,中国科学院生物物理所一间简朴的办公室里,李栋时而快速敲击着键盘,时而盯着三个标准显示屏大小的电脑屏幕凝神思考。身后的白板上,画着光谱图、光路和融合基因结构。

"生命科学是各个学科的交汇点，
是一个蕴含着无限可能的研究领域"

李栋出生于云南个旧的一个彝族家庭，当护士的母亲希望他学医。2002年，填报高考志愿时，李栋对浙江大学光学工程专业很感兴趣，便填报并成功被录取。开学第一课，当看到老师用自主研制的高速摄像机拍摄的视频时，李栋被深深地震撼了。

"我来对地方了，一定要像前辈们一样干出一番事业来！"李栋暗下决心。大学4年，他除了去自习室学习，就泡在实验室。他不满足于掌握一个个知识点，而是下功夫梳理了学科的知识体系。后来，李栋攻读博士时，开始接触"生物光子学"这一交叉学科，"生命科学是各个学科的交汇点，是一个蕴含着无限可能的研究领域"。

相较电子显微镜，光学显微镜能对任意蛋白分子在活体条件下进行连续追踪，对于生物学研究意义重大。但长久以来，光学显微成像技术受制于阿贝极限，分辨率无法超过200纳米，不足以看清动辄几纳米、几十纳米的生物大分子。

为了突破阿贝极限，2011年，在做博士后期间，李栋选择了当时较为冷门的一条研究路径——结构光照明。

两个正弦函数相乘，波函数的频率会增加。李栋从这个数学公式中找到灵感：给出两个不同颜色的光源，让它们的波峰与波峰互相叠加，从而突破原有的极限，就能大大地提高分辨率。

这一思路对光学系统的色差矫正极为苛刻。譬如，如何实现两种激发光波函数的"波峰对波峰，波谷对波谷"？波函数的周期将近150纳米，而光学显微镜的成像视野大概为50000纳米，这就意味着，要在半根头发丝粗细的成像视野中，调整两个分别出现3000多个周期的波函数。倘若两个波函数没有对齐，又该如何检验？

将近两年时间里，李栋阅读了大量文献，模拟计算分析，最终与合作者开发出新的软件算法，仅需利用标准的光学元件，优化不同波长结构照明的周期，即可补偿不同波长之间的色差，并开发出相应的高雄率校准流程，使得"结构光激活、结构光激发"的思路可以在工程上实施。

转眼到了2012年年末，窗外下着大雪，实验室内依然忙碌。取了样本细胞，李栋开始测试新技术方案的效果。

显微镜下，从衍射极限分辨率100纳米再到60纳米，细胞内微丝骨架的脉络逐渐清晰。盯着屏幕，喜悦从心底蔓延开来，李栋只觉得看不够，索性把对比图作为屏保，一遍遍地给同事们介绍。

李栋首创的高数值孔径非线性结构光照明显微镜技术一举打破了100纳米局限，把活细胞高速成像的光学分辨率提高到60纳米，让科学家们有机会在活细胞中清晰地看到生命活动的精细动态。这一成果登上了2015年《科学》杂志封面。

"搞科研不能单打独斗，需要科学家们携手攻关"

2015 年，李栋来到中科院生物物理所，从事超分辨显微成像技术研制及其生物学应用研究。

物理、光学工程、自动化控制、精密机械设计……李栋所在团队现有 20 多人，涵盖 8 个学科方向。他们的工作包括物理原理应用、工程搭建、自动化控制、生物样本制备观测等多项内容。

"除了做好本职工作，李老师还要求我们掌握上下游知识。"中科院生物物理所副研究员王新禹说，在每周的跨小组交流会上，大家互相切磋，取长补短。工作间隙，李栋常在不同办公室之间走动，询问研究进展，及时答疑解惑。

学科交叉的优势逐渐凸显：借助掠入射结构光超分辨成像技术，发现了多种细胞器互作新行为，这一成果入选科技部遴选的 2018 年度中国科学十大进展；开发深度学习超分辨显微成像算法，在不同成像条件下均可实现最优的超分辨图像重建效果；研制三维高时空分辨生物力学显微镜系统，将生物力三维测量的空间和时间精度提升了 5 倍……

"搞科研不能单打独斗，需要科学家们携手攻关。"李栋说。多年来，李栋与国内外近 30 个实验室开展密切合作，做出多项重大原创成果。

2019 年的一天，李栋和同事晚饭后散步时，研究员高璞提到实验中的一个有趣现象。李栋很感兴趣，他们边聊边走进实验室，然后深入研究这一问题。此后，他们又邀请同所的另一位同事邓红雨，一起全力攻关。2021 年 5 月，研究成果在《分子细胞》发布。这项研究首次发现病原微生物可以调控宿主细胞内相分离的现象，拓展了人们对大分子相分离调控复杂性的认识。

"学习能力超强"，这是北京大学未来技术学院分子医学研究所教授罗金才对李栋的评价。第一次见面，李栋就问了他许多生物学方面的问题。共同的兴趣使得他们当即决定，运用李栋发明的活细胞超高分辨率成像系统去研究内皮细胞分泌过程中微丝骨架环的形成方式及其调控机制。2017 年，相关成果在《自然通讯》发表，罗金才称赞李栋"完全进入了生物学领域"，而李栋则称自己为"二手生物学家"。

"时间不等人，我们只是刚刚出发"

留学期间，李栋发现国外的生物学家可以用最先进的光学显微镜乃至原理样机进行观测，而中国科学家常要等高端光学显微镜的原理样机产品化后才能使用，这往往需要很多年。光学工程专业相对冷门，很多人中途转行了，但李栋选择了坚守，他想让中国科学家尽早用上先进的光学显微镜。

走进李栋的实验室，只见一个个工作台上，密密麻麻摆放着各式各样的显微镜。大量光学元件组成了复杂的链路，每一个元件的位置、角度，都经过了精心调试。

"这是我们研制的多模态结构光超分辨智能显微镜……"指着工作台上一台样机，李栋如数家珍。这套系统集成了6种照明方式，可根据不同的生物问题，灵活选择最合适的成像模态，达到最佳超分辨成像效果。通俗地说，可以用每秒684幅的速度（相当于27倍电影放映速度），用95纳米分辨率（相当于头发丝直径的两千分之一），呈现全细胞范围内的生命过程。

为了提高系统稳定性，在样机完成后，他们还不断修改机械结构和光学结构，光图纸就有100多个版本。两年内，显微镜的体积缩小了3/4，设备稳定工作时间从一周延长到一年无须校准，他们成功地将一个实验室使用的科研设备变成了通用的产品。从设想的提出到落地，整整花了11年时间。

最近忙不忙？忙！今天去不去实验室？去！这是李栋和爱人在周末时常有的对话。李栋以攀登珠峰作比方："时间不等人，我们只是刚刚出发，可能还没有到达攀登科学高峰的大本营，也许连大本营在哪里都不知道。"

（原载《人民日报》2022年7月18日）

学人小传

李栋：1983年生，云南个旧人。中国科学院生物物理所研究员、生物大分子国家重点实验室研究组长。主要从事超分辨显微成像技术研制及其生物学应用研究，系统掌握超分辨显微镜的关键技术，提出新的成像方法，关键指标达到国际领先水平；研究成果"掠入射结构光超分辨成像技术发展与应用"入选2018年度中国科学十大进展；曾获中国科学院青年科学家奖等多项荣誉。

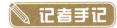

心怀热爱　勇攀高峰

生活中的李栋沉默寡言，可一谈起工作却有说不完的话。

看似矛盾的性格却是一个科技工作者优秀品质的生动体现：对事业无比热爱、心无旁骛、全身心投入。实际上，科研事业的成功不仅依赖于智力因素，更重要的是专注和勤奋。

"要把科研时时放在心上，这样在生活中才会有不经意的惊喜。"这是李栋经常叮嘱学生的一句话。做科研唯有心怀热爱，不计名利得失，不惧艰难险阻，才能抵达一个个高峰，取得不平凡的成就。

施　芳

赵宇心：
在专注运算中感受无穷妙趣

　　穿着一条发白的牛仔裤、一双白球鞋，每天在家和学校间低头疾走……在南京大学校园里遇见赵宇心，多数人会觉得他是一名匆匆而过的大学生。很难想象，眼前这个年轻人，是一位大学教授、博士生导师。他带的第一批博士，不久前迎来了毕业时刻。

　　就连他的家人，也很难弄明白他的研究领域，倒是常有好奇的朋友刨根问底。只不过，听他讲起拓扑学、凝聚态物理的一些概念，才刚开个头，对方就已摇头作罢。纸上运算时，他认真严谨、思维敏锐；日常交流中，却常常带着一丝腼腆。物理领域，是他能轻松畅游的宽广世界……

跟着兴趣求学成长，找到物理和数学的结合点

对于赵宇心的个人经历，有人惊讶于他青年教授的身份，也有人对他的研究领域充满好奇……但在赵宇心看来，他和万千普通学生一样，跟着兴趣求学，跟着兴趣成长。

1988年，赵宇心出生于陕西省宝鸡市眉县，父母都是老师，很重视培养他的学习兴趣。进入初中后，赵宇心逐渐对物理萌发出浓厚的兴趣。一次阅读课外读物时，赵宇心偶然看到阿基米德发现浮力的故事。"为什么浮力等于被排开水的质量？"于是赵宇心拿来一个水盆，将一块木头放入盆中，经过反复测算，验证了阿基米德定律，"获得结论的时候，我感觉非常激动，觉得太不可思议了。"赵宇心说，一个简单的实验，将物理的种子深深地种进他的心中……

2005年，还在上中学的赵宇心获得全国物理竞赛二等奖，并被保送至北京大学物理学院。"只要肯追梦，总有一条路能通向你心中的远方。"赵宇心说。

在北京大学物理学院学习期间，赵宇心的视野进一步拓宽；本科毕业后，他申请前往香港攻读硕博学位，用高能物理的研究方法，借助拓扑学，赵宇心打开了凝聚态物理学科的大门。

赵宇心非常刻苦，即便回到宿舍也不休息，满脑子都想着运算：宿舍的地板上堆满了草稿纸，想到什么，他就立

马拿起纸笔来写写算算。这样的状态持续了半年左右，最终，一篇名为《费米面的拓扑分类与稳定性》的文章发表在物理学权威期刊上。在很多同行看来，这个年轻人走进了一个新的细分方向。

在香港的学习结束后，赵宇心又前往曾经培养出30余位诺贝尔奖得主的德国马普固体物理研究所深造。在那里，赵宇心领略了不同文化背景、不同学术体系下的学术风格，不断拥抱新的方向和领域，拓宽了认知的广度和深度。

2017年，赵宇心结束了在德国的博士后研究工作，来到南京大学，心无旁骛地开展科研工作。

"得益于时代的发展和国家对科技的重视，整个过程非常顺利。"赵宇心说，中国已经有条件支持一批批年轻科学家投身到基础研究方面，在这方面有无限可能。

一张桌子一沓纸，心无旁骛解难题

南京大学在凝聚态物理领域有着深厚的积淀，在这里，赵宇心专注于热爱的事业，也找到了向往的生活……

赵宇心的工作对场地和设备要求不高：一张桌子一沓纸，外加一个巨大的废纸篓就足够了。这样的日子在一些人看来可能乏味枯燥，但执着追寻幽暗处闪烁的点点微光，令沉迷于学术的他停不下来……

有人提出：解决这些学术难题，充其量就是思维游戏，对经济社会发展的用处一时半会儿还看不到。但在赵宇心看来，**从事基础研究的科学家不断向未知探索，其进展将成为全人类的财富。**

"你无法想象，一些重要的数学问题和物理问题看似毫不相关，却在某种程度上有很高的契合度。越琢磨越令人觉得震撼。"在这些题目面前，赵宇心觉得自己"时间总不够用"。

在一次校友聚会上，有位姑娘留意到他："别人自我介绍，都会讲到收入、家庭条件，他就一直讲工作，没有其他话题。"姑娘叫李彦，后来成了赵宇心的爱人，她说："赵宇心很早就找到了一生热爱的事业，专注到忘我，这一点非常打动我。"

还有一次，女儿满月，祝贺的亲戚挤了一屋子，赵宇心却专心在自己房间里做运算。正算到兴头上，岳父抱着宝宝推门叫他，可此时的赵宇心正专注于解决一道困扰已久的难题，完全没有听到岳父的声音，事后也根本记不起发生了什么事。

带领年轻人，体会理论研究那种纯粹的美感

年纪不大，赵宇心喜欢流行时尚吗？赵宇心挠挠头，好像不太感兴趣。他告诉记者，有时候，大脑停不下来，自己就练书法、下围棋、读《庄子》。

循环往复的工作内容，让赵宇心很善于在枯燥中找到乐趣。学习之余，小时候曾"拿来涂涂抹抹"的毛笔，不

知不觉又回到了他的生活中。一卷《张猛龙碑》陪伴着他，帮他在线条的练习中进行放松和调整。

赵宇心说，有越来越多的年轻人和他一样，能体会到理论研究中那种纯粹的美感。"比如拓扑 K 理论，其中就有无穷的妙趣。你能想象吗，一个纯数学问题，它的各种变体，却与物理系统、晶体系统的各种对称性恰好吻合！"谈到专业知识，赵宇心总是有说不完的话。

王凯是赵宇心带的第一批博士毕业生之一，赵宇心严谨治学、潜心研究的态度给他留下很深的印象。"赵老师不仅自身学术能力出类拔萃，还非常关心我们的科研进度。"王凯每隔两三天就会向赵宇心汇报研究进度，赵宇心不仅耐心解答学生提出的问题，还指导学生制订下一阶段的研究计划。

近些年，不断有学生找到赵宇心，表达自己对拓扑物理的兴趣，希望能做他的学生。赵宇心经常挠挠头，说："跟我做这个，不好发论文啊！"学生常回答他："那不要紧，我就想做自己喜欢的研究！"

在校园里，经常可以见到赵宇心和学生们待在一起的身影。赵宇心走在学生堆里，很难分辨出哪个是老师、哪个是学生。有学生说："赵老师和我们年纪相差不大，跟着赵老师学习，做研究有干劲、有动力！"

（原载《人民日报》2022 年 8 月 22 日）

学人小传

赵宇心：1988 年生，南京大学物理学院教授，博士生导师。2017 年 9 月，组建研究团队致力于将现代数学引入固体物理研究，探索一套独特的研究方法，在物理学权威期刊《物理评论快报》上发表论文 14 篇。引入空间对称性的投影表示进行拓扑序研究，首次给出拓扑费米子朗道能带指标定理的普适性证明，系统发展实数拓扑能带理论。

做基础研究汪洋大海中一朵平凡的浪花

年纪轻轻就担任南京大学教授、博士生导师，独立组建研究团队，取得一系列研究成果……人们常常会好奇赵宇心的故事，但在他心中，自己不过是基础研究汪洋大海中一朵平凡的浪花。

理论物理的世界并没有一条"规定"的路，更没有一条所谓的"实用"的路。赵宇心说，做研究，很多时候像是在黑暗中摸索。"国家为青年科研工作者提供了理想的科研环境，我们能做的就是尽力做出成果回报国家。"正是得益于国家的繁荣与社会的进步，青年科学家们才能坐得住冷板凳、心无旁骛地攻关基础研究课题，让科学家精神更具鲜明的时代烙印和中国气韵。

王汉超　白光迪